JN308601

kazoku-sagashi

21世紀の家族さがし

増子 勝義 編著

立山 徳子　　蓼沼 康子
南山 浩二　　高井 葉子
魚住 明代　　加藤 朋江
松信ひろみ　　堀 千鶴子

学文社

執筆者 （執筆順）

* 増子　勝義　城　西　国　際　大　学（第1・3・12章）
  立山　徳子　関　東　学　院　大　学（第2章）
  南山　浩二　静　　　岡　　　大　　　学（第4章）
  魚住　明代　城　西　国　際　大　学（第5章）
  松信ひろみ　駒　　　澤　　　大　　　学（第6・10章）
  蓼沼　康子　城西大学女子短期大学部（第7章）
  高井　葉子　城　西　国　際　大　学（第8章）
  加藤　朋江　城　西　国　際　大　学（第9章）
  堀　千鶴子　城　西　国　際　大　学（第11章）

＊は編者

はしがき

　編者がこの本の母体である『おもしろ家族論』を引き継ぎ，『新世紀の家族さがし』として出版させていただいたのが2000年のことであるから，まだ21世紀になっていなかった．

　その後，同書名で何度か改訂し，版を重ねてきたが，21世紀も10年が経過すると「新世紀でもなかろう」ということになり，そしてデータや資料も古くなったことから，何度目かの大改訂を行なうこととした．

　改めて初版をみてみると，当時の執筆者の顔ぶれは多士済々であり，皆若かったといえる．妙に感傷的になっているのは，編者に「グリーフ」を学ばせるきっかけとなった樋口良成の名を執筆者紹介の中に見出したからである．全員がその時々の全知全能を傾けて執筆していたとはいえ反省も多い．彼の「お手上げ」ということばが妙に耳についている．彼の主張は，「家族の機能で一章立てる必要はあるか」ということであった．まさか本書で形態と機能の変化というテーマを一本化して執筆したことを12年前に予知していたわけでもないだろうが…

　それにしても家族という言葉が曖昧に使われすぎている．ある人たちにとっては，ペットが家族であるのはもちろん，いまや熊のぬいぐるみまで家族だといってはばからない大人（おとな）たちがいる．確かに，ペットやぬいぐるみと家族としての会話をしているような光景をよくみかけるが，どう考えても心的相互作用が成立してるとは思えない．

　他方，ある入居型老人福祉施設でも「私たちは家族です」といっている．そこでは「家族のように温かく，親密で思いやりにあふれた人間関係がある」といいたいのであろうか？

　本文中にも記したが，10年前から「核家族悪者説」は，ますます猛威をふるうようになった．すなわち，家族に関することでうまくいかないことは，ほと

んどすべて核家族化のせいであるとする．安易なことである．ここでは，そのことを否定したうえで「家族さがし」の旅に出たい．すなわち，3回での12か所を巡る旅である．

　第1回（第Ⅰ部）が，「新しい家族へのまなざし」として，第1章で「家族の形態と機能の変化」，第2章で「パーソナル・ネットワークからみた家族」，第3章で「家族とライフコース」，第4章で「現代家族とストレス」，第5章で「オルタナティブ家族」を扱った．それぞれ家族研究に欠かせない新しい視点の提示となっている．

　第2回（第Ⅱ部）が，「カップルの模索」として新しいカップルのあり方を探すこととした．すなわち，第6章で「恋愛と結婚と家族」，第7章で「性別役割分業と家事労働」，第8章で「『ドメスティック・バイオレンス』と家族」，第9章で「生殖の技術と家族」をテーマとした．

　さらに第3回の旅（第Ⅲ部）では，「親子関係の希望」として第10章で「少子化と子育て支援」，第11章で「母子家族」，第12章で「家族の介護と看取り？」をテーマとした．どれも，家族へのレイベリングの排除，ステレオタイプ化した見方からの脱却が隠れたテーマである．

　分量については，前著で16章あった構成の4章を減らし，大学の15回の授業で扱い切れるようにした．

　改訂作業の猛スピードについてこれず，前著をほとんどそのまま掲載してしまった章があったことをまずお詫びしなくてはならない．それにもかかわらず，休日返上で精力的に本書を作り上げてくださった田中千津子社長はじめ学文社のみなさまに深く感謝の意を表し，最敬礼したい．そして，本書を親友樋口良成にささげることにご寛恕いただければ幸いである．

2010年5月吉日

増子　勝義

目　次

Part I　新しい家族へのまなざし

第1章　家族の形態と機能の変化 ……2

多様性のなかの家族……4／オーストラリアの家族……4／家族の定義……6／家族の形態と変化……7／少子化……10／少子化のなかの家族……11／家族の機能変化……13／家族機能の純化……14／家族と政策……15／個人の選択と家族……16／家族の将来……18

第2章　パーソナル・ネットワークからみた家族 ……20

なぜ家族をネットワークからみるのか？……22／「ネットワークとしての家族」からみた子育て……24／「ネットワークのなかの家族」からみた子育て……26／アジア家族のネットワークと子育て……31／家族とネットワークとセーフティ・ネット……33

第3章　家族とライフコース ……36

ライフコースとは……38／ライフコースの記述……38／ライフコース研究の基本仮定……41／ライフコースの観察……45／ライフコースの構成要素……45／ライフコースの社会学のために……46／家族とライフコースの新たな視点……48／ライフプランとライフコース……49

第4章　現代家族とストレス ……52

〈家族〉に対する期待……54／家族の多様化と家族研究……56／「ストレス」への社会学的接近……58／ストレス生成装置としての〈近代家族〉……60／ストレス生成の諸相―曖昧な喪失―……63／曖昧な喪失がもたらす過程……64／身体的不在/心理的存在に起因した「曖昧な喪失」……66／身体的存在/心理的不在に起因した「曖昧な喪失」……69／ストレスへの対処―家族内外の資源の動員へ……71／自己決定・自己選択機会の増大と家族……74

第5章　オルタナティブ家族 ……78

はじめに……80／結婚のオルタナティブ……81／親子関係―血縁・非血縁の親子―……84／居住関係―誰と住まうのか―……86／家族とは……87

Part II　カップルの模索

第6章　恋愛と結婚と家族 ……………………………………………………90

減少する結婚……92／若者の未婚化，晩婚化……92／「結婚適齢期」の崩壊と未婚化・晩婚化……94／結婚の意味の変化と未婚化……96／配偶者選択の変化と結婚相手の条件の変化……98／未婚化・晩婚化のパラサイト・シングル……100／パラサイト・シングルの変容……102／負け犬と婚活現象の意味すること……103

第7章　性別役割分業と家事労働 ……………………………………………108

性別役割分業の終焉……110／性別役割分業とは……111／近代家族と性別役割分業……112／性別役割分業の歴史……113／結婚しなくても……117／夫婦は同じくらい稼ぐべき……119／家事労働は誰の手に……120

第8章　「ドメスティック・バイオレンス」と家族 ………………………122

「ドメスティック・バイオレンス」とは？……124／「ドメスティック・バイオレンス」という「社会問題」……124／「ドメスティック・バイオレンス」と家族……133／ドメスティック・バイオレンス防止法……136

第9章　生殖の技術と家族 ……………………………………………………138

はじめに　出生数と出生率―個人的な選択？……140／結婚と出産のあいだ……141／生殖をめぐる国策の変遷……142／子どもを生み出さないための技術―人工妊娠中絶と避妊……145／子どもを作るための技術……146／おわりに―「遺伝子をのこす」ということ……149

Part III　親子関係の希望

第10章　少子化と子育て支援 …………………………………………………154

進む少子化……156／戦後の少子化と「子どもは2人」の安定期……157／未婚化・晩婚化と少子化……158／近年の少子化……159／子どもが欲しいだけもてない環境……160／少子化対策と子育て支援策……161／職場における子育て支援策……164／地域における子育て支援①保育施設と保育サービス……167／地域における子育て支援②専業主婦と育児不安，育児ノイローゼ……169／母性神話と3歳児神話……171／子育て支援に求められるもの……172

目次 v

第11章　母子家族 …………………………………………………………175

なぜ，母子家族に着目するのか……177／新たな用語の登場—「ひとり親家族」「非婚」……177／ひとり親家族へのまなざし……178／母子家族の状況……180／「多様化する家族」として……185

第12章　家族の介護と看取り？—高齢社会と家族 ………………………188

高齢化の実態……190／家族に介護義務はあるか？……191／福祉政策と家族のかかわり……192／「家族介護」と心のケア……193／公的介護保険は家族を救うか？……194／介護保険の改定……195／家族はどこまで介護するのか？……195／残された家族の物語……196／グリーフとグリーフワーク……197／主役は誰か？……198／死の準備教育……198／家族とグリーフ……199

索　引 ………………………………………………………………………205

Part I

新しい家族へのまなざし

第1章　家族の形態と機能の変化

結婚の減少が少子化と直結

　東アジアの結婚は減少傾向にある．女子の合計初婚率を日本，韓国，台湾について調べたところ，韓国では97年のアジア通貨危機以後に急降下．台湾でも，03～04年に大きく落ち込んでいる．

　婚姻率の減少は先進国共通の現象だ．フランスと比べて，東アジアの人びとはまだ結婚している．（下の表参照）

　問題は，東アジアでは，結婚の減少が少子化と直結していることだ．ひとりの女性が生涯に産む子どもの数を示す合計特殊出生率は，東アジアの急落と低迷が際だつ．英米仏スウェーデンは2近くに踏みとどまっているのと対照的だ．（下のグラフ参照）

　「90年代，低出生の中心は南欧や東欧だったが，2000年代に入ると東アジアに移った」．国立社会保障・人口問題研究所で国際比較研究を専門にする鈴木透は指摘する．

　欧米では，結婚していないカップルから生まれる子ども（婚外子）の割合が3～5割にまで増えているのに対し，東アジアでは数％にとどまっているのも特徴的だ．

東アジアよりフランスの方が結婚件数は少ない
[婚姻率（人口1000人に対する婚姻件数の割合）の比較]
経済協力開発機構（OECD）と各国政府・地域当局の資料から．下のグラフも同じ．

フランス	7.75	（70年）	4.19	（05年）
日本	10.0	（70年）	5.8	（08年）
韓国	9.20	（70年）	7.00	（07年）
台湾	9.3	（75年）	6.5	（08年）
シンガポール	9.8	（80年）	6.5	（08年）

少子化は欧米よりも東アジアで急進
[世界各国・地域の合計特殊出生率（1人の女性が生涯に産む子どもの数）]

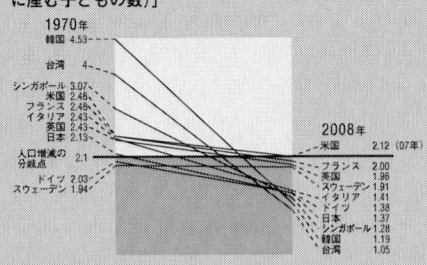

1970年
韓国 4.53
台湾 4.
シンガポール 3.07
米国 2.48
フランス 2.48
イタリア 2.43
英国 2.43
日本 2.13
人口増減の分岐点 2.1
ドイツ 2.03
スウェーデン 1.94

2008年
米国 2.12 (07年)
フランス 2.00
英国 1.96
スウェーデン 1.91
イタリア 1.41
ドイツ 1.38
日本 1.37
シンガポール 1.28
韓国 1.19
台湾 1.05

出所）「Marriage Pressure in East Asia」『朝日新聞』「The Asahi Shinbun GLOBE」3面 2010年1月25日を一部修正

🗝 キーターム

家族世帯 定義上，世帯とは「家計と家屋とを同一にする者」だが，その国の法律上の家族が世帯を形成しているのが家族世帯である．

夫婦家族 夫婦を核として形成されている家族．時として核家族と重なる．

核家族（nuclear family） 1組の夫婦と未婚の子，ひとり親と未婚の子，夫婦のみからなる家族．

直系家族（stem family） 2組の夫婦関係を含む三世代にわたる親族が同一世帯を形成するもの．

複合家族（joint family） 2組以上の既婚子を同居させる家族．

多様性のなかの家族

筆者は，オーストラリアのさまざまな研修に何度となく学生を連れて出かけている．

ちょうど世紀が変わろうとしているころだ．ホームステイ先の様子が気になる学生からまず質問を受けた．

「ホームステイ先のパパとママのファミリーネームが違っているのだけれど…」

それから，「ママの子どもは，ママの新しい恋人と同居していて，なんとも思わないの…」

はては，「ホームステイ先のママは2人いて他人みたいなのだけれど…」というたぐいまで，学生たちは，それこそ直接ファミリーに聞くのははばかられるらしく，ありとあらゆる質問を引率の筆者にぶつけてくる．

この質問に正確に答えるために，オーストラリアの家族について調べなくてはならなくなったのである．まず，オーストラリアには，戸籍も住民登録もないことがわかった．それから，事実上結婚生活を営んでいても，婚姻届を出していない人たちがたくさんいる．未婚と既婚の区別が曖昧なのである．

また，事実上の結婚生活を経験していて，その解消を目指した別居をしていれば，もちろんシングルである．

これらのことは，いまどきの学生にとっても不可解らしい．また，ルームシェアも学生にとっては，混乱の一因らしい．ひとつ屋根の下で暮らしている男女でも，ただそれだけで無関係の人たちがいる．これも，もちろん婚姻関係という認識はされない．

ただし，年金の受給資格自体は，シングルとカップル，シングルで子どものいる人，いない人等の暮らし方で異なってくる．

オーストラリアの家族

長い前置きになってしまうかもしれないが，ここでオーストラリアの家族を

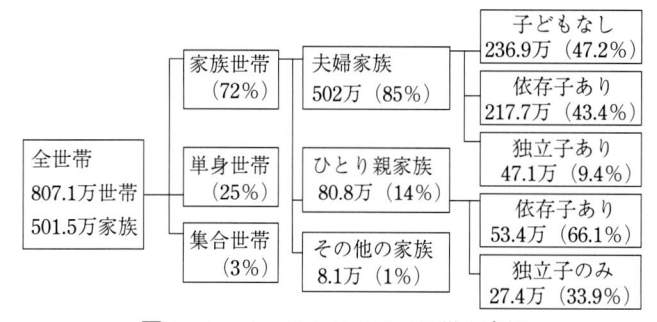

第1章　家族の形態と機能の変化　5

```
全世帯            家族世帯      夫婦家族           子どもなし
807.1万世帯   ─  (72%)    ─  502万（85%）  ─  236.9万（47.2%）
501.5万家族                                     依存子あり
                                               217.7万（43.4%）
                 単身世帯                      独立子あり
              ─  (25%)                         47.1万（9.4%）
                              ひとり親家族       依存子あり
                           ─  80.8万（14%）  ─  53.4万（66.1%）
                 集合世帯                      独立子のみ
              ─  (3%)        その他の家族       27.4万（33.9%）
                           ─  8.1万（1%）
```

図1-1　オーストラリアの世帯と家族

出所）Australian bureau of statistics : 4442.0-Family Characteristics and Transitions, Australia, 2006-07 http://www.abs.gov.au/AUSSTATS/abs@.nsf/mf/4442.0

統計上でみてみたい．学生に答えるためだけでなく，おそらく世界でもっとも多様な文化を内包する国の家族の様子は，ひとつの未来図を示すだろうからである．

　2006-2007年の統計年度には，オーストラリアの約810万世帯のうち72%が家族世帯を形成していた（図1-1）．

　オーストラリアにおいての統計上の家族とは，「血縁，（事実婚を含む）婚姻，養子縁組，親の再婚，養育等の関係で結ばれた2人以上の人間が同じ世帯に住んでいる場合であり，そのうちひとりは15歳以上でなければならない」とされる．約810万ある全世帯のうち，72%が家族で構成された世帯である．オーストラリアの約2,200万人の人口のうち，87%すなわち約1,770万人が個人の住宅で暮らしている．家族世帯の大部分，すなわち97%がひとつの家族からなる世帯である．また，単身世帯が全世帯の25%あり，オーストラリアの人口の10人にひとりは，単独で暮らしていることになる．単身者は，男性より女性のほうに多い．

　オーストラリアには，590万の家族があるが，そのうち500万家族，すなわち85%が夫婦家族である．また，14%（80.8万）がひとり親家族であり，1%

(8.1万)がその他の家族である．夫婦家族のうち，子どものいる夫婦の割合は，1997年48%，2003年46%，2006-07年45%とここ10年で減り続けている．他方子どものいない世帯の割合は，1997年35%，2003年38%，2006-07年40%とここ10年増え続けている．子どものいる家族は，すべての家族のうち59%，350万家族である．すべての子どものいる家族のなかで78%が依存子をもっていた．依存子とは，15歳未満か15歳から24歳までの学生をいう．また，260万の家族が，0歳から17歳までのひとりの子をもっていた．ひとり親家族のうち0歳から4歳までの子どものいる家族は，2003年の21%から15%へと減少している．このように三世代同居がほとんどない少人数の比較的リベラルな家族をみてしまうと，血縁を相対視せざるをえなくなってしまうというのが正直なところだ．

家族の定義

　日本でも「家族とは何か」とは問われ続けられている問いであるが，日本の研究者にとっては，明確な定義を出さないことが習わしのようになってきている．それほど身近で，さまざまな態様を示すのが家族だといってよい．個人差，文化差，時代差を取り込んだ普遍的定義など存在しようがない．

　さかのぼるが，1980〜90年代，家族の定義を精力的にしていたのは，森岡清美ぐらいである．すなわち，「家族とは，夫婦・親子・きょうだいなど少数の近親者を主要な成員とし，成員相互の深い感情的係わりあいで結ばれた，第一次的な福祉志向の集団である」(森岡，1993)というものだ．このなかの「近親者」「感情的係わりあい」「福祉志向の集団」というところに質問や批判が集中していたように記憶している．しかし，自説を述べずに批判だけしている人たちよりはずっと潔い研究態度であることはまちがいない．

　それからさかのぼること約10年，正岡寛司(1981)は当時の新しい家族の方向性として「母子血縁家族」を予言していた．そして，ロマンティックラブの全盛，夫婦愛と親子愛の矛盾，子の社会化の期間の延長，家事の社会的価値の低下，男女の性別役割分業が性差別を生み出したこと，老親のエンプティネス

ト期の増大，個人の自己実現への高い価値づけなど，私たちが，現在家族に関して共通認識としてもっていることの大部分を提示していたのである．

家族の形態と変化

また少しさかのぼるが，20世紀の後半は，核家族全盛時代であった．核家族とは，「婚姻によって成立した1組の夫婦とそこから生まれた未婚の子からなる家族」である．核はまさに nuclear の訳であり，マードックが人類社会には常に普遍的に存在するとした（Murdock, 1949）．すなわち，それは単独にかまたはより大きな複合家族の構成体として常に人類社会には存在し，居住の共同と経済的協力を必要条件とする．実際には，夫婦と子ども，男親と子，女親と子，夫婦のみの4パターンがある（図1-2の1）．

これに対し，直系家族は，核家族が縦に連なったような2組の夫婦関係を含む，三世代にわたる親族員たちがひとつの生活共同単位を構成する．江戸時代の武家は，このような形態の継続に腐心していたのである（図1-2の2）．

また，子どもたちが結婚後も親と同居するか，または，既婚の成人である子の核家族が縦横に接合した形のものを複合家族（joint family　図1-2の3）という．

家族規模が縮小していることから，日本の家族は，一見複合家族から直系家族，そして核家族へと変化を遂げたかのような誤解をもちがちだが，必ずしもそうではない．

そこで，表1-1に従って，最近の家族世帯の動向についてみておきたい．

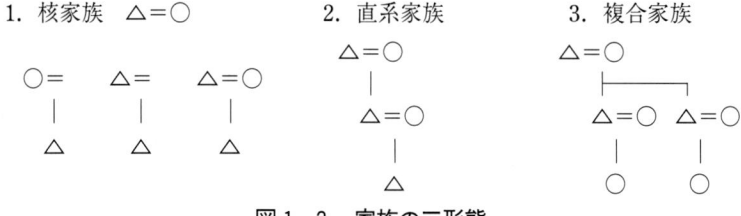

1. 核家族　△＝○

○＝　△＝　△＝○
｜　　｜　　｜
△　　△　　△

2. 直系家族

△＝○
｜
△＝○
｜
△

3. 複合家族

△＝○
├────┤
△＝○　△＝○
｜　　　｜
○　　　○

図1-2　家族の三形態

表1-1　世帯構造別にみた世帯数の推移

年　次	総数(A)	単独世帯	核家族世帯 総数	夫婦のみの世帯	夫婦と未婚の子のみの世帯	ひとり親と未婚の子のみの世帯	三世代世帯	その他の世帯	高齢者世帯(B)
			推計数（千世帯）						推計数（千世帯）
1975（昭和50）年	32,877	5,991	19,304	3,877	14,043	1,385	5,548	2,034	1,089
80 （55）	35,338	6,402	21,318	4,619	15,220	1,480	5,714	1,904	1,684
85 （60）	37,226	6,850	22,744	5,423	15,604	1,718	5,672	1,959	2,192
90（平成2）	40,273	8,446	24,154	6,695	15,398	2,060	5,428	2,245	3,113
93 （5）	41,826	9,320	24,836	7,393	15,291	2,152	5,342	2,328	3,913
94 （6）	42,069	9,201	25,103	7,784	15,194	2,125	5,361	2,404	4,252
95 （7）	40,770	9,213	23,997	7,488	14,398	2,112	5,082	2,478	4,390
96 （8）	43,807	10,287	25,855	8,258	15,155	2,442	5,100	2,565	4,866
97 （9）	44,669	11,156	25,911	8,661	14,903	2,347	4,999	2,603	5,159
98 （10）	44,496	10,627	26,096	8,781	14,951	2,364	5,125	2,648	5,614
99 （11）	44,923	10,585	26,963	9,164	15,443	2,356	4,754	2,621	5,791
2000 （12）	45,545	10,988	26,938	9,422	14,924	2,592	4,823	2,796	6,261
2001 （13）	45,664	11,017	26,894	9,403	14,872	2,618	4,844	2,909	6,654
2002 （14）	46,005	10,800	27,682	9,887	14,954	2,841	4,603	2,919	7,182
2003 （15）	45,800	10,673	27,352	9,781	14,900	2,670	4,769	3,006	7,250
2004 （16）	46,323	10,817	28,061	10,161	15,125	2,774	4,512	2,934	7,874
2005 （17）	47,043	11,580	27,872	10,295	14,609	2,968	4,575	3,016	8,349
2006 （18）	47,531	12,043	28,025	10,198	14,826	3,002	4,326	3,137	8,462
2007 （19）	48,023	11,983	28,658	10,636	15,015	3,006	4,045	3,337	9,009
2008 （20）	47,957	11,928	28,664	10,730	14,732	3,202	4,229	3,136	9,252
			構成割合（％）						(B)／(A)×100

第1章　家族の形態と機能の変化

年	総数	単独世帯	夫婦のみの世帯	夫婦と未婚の子のみの世帯	ひとり親と未婚の子のみの世帯	三世代世帯	その他の世帯	高齢者世帯
1975（昭和50）年	100.0	18.2	11.8	42.7	4.2	16.9	6.2	3.3
80　（55）	100.0	18.1	13.1	43.1	4.2	16.2	5.4	4.8
85　（60）	100.0	18.4	14.6	41.9	4.6	15.2	5.3	5.9
90（平成2）	100.0	21.0	16.6	38.2	5.1	13.5	5.6	7.7
93　（5）	100.0	22.3	17.7	36.6	5.1	12.8	5.6	9.4
94　（6）	100.0	21.9	18.5	36.1	5.1	12.7	5.7	10.1
95　（7）	100.0	22.6	18.4	35.3	5.2	12.5	6.1	10.8
96　（8）	100.0	23.5	18.9	34.6	5.6	11.6	5.9	11.1
97　（9）	100.0	25.0	19.4	33.4	5.3	11.2	5.8	11.5
98　（10）	100.0	23.9	19.7	33.6	5.3	11.5	6.0	12.6
99　（11）	100.0	23.6	20.4	34.4	5.2	10.6	5.8	12.9
2000（12）	100.0	24.1	20.7	32.8	5.7	10.6	6.1	13.7
2001（13）	100.0	24.1	20.6	32.6	5.7	10.6	6.4	14.6
2002（14）	100.0	23.5	21.5	32.5	6.2	10.0	6.3	15.6
2003（15）	100.0	23.3	21.4	32.5	5.8	10.4	6.6	15.8
2004（16）	100.0	23.4	21.9	32.7	6.0	9.7	6.3	17.0
2005（17）	100.0	24.6	21.9	31.1	6.3	9.7	6.4	17.7
2006（18）	100.0	25.3	21.5	31.2	6.3	9.1	6.6	17.8
2007（19）	100.0	25.0	22.1	31.3	6.3	8.4	6.9	18.8
2008（20）	100.0	24.9	22.4	30.7	6.7	8.8	6.5	19.3

資料）昭和60年以前は厚生省大臣官房統計情報部「厚生行政基礎調査」、平成2年以降は厚生労働省大臣官房統計情報部「国民生活基礎調査」。

注）1．（1）単独世帯とは、世帯員がひとりだけの世帯をいう。
　　　（2）夫婦のみの世帯とは、世帯主とその配偶者のみで構成する世帯をいう。
　　　（3）夫婦と未婚の子のみの世帯とは、夫婦と未婚の子のみで構成する世帯をいう。
　　　（4）ひとり親と未婚の子のみの世帯とは、父親または母親と未婚の子のみで構成する世帯をいう。
　　　（5）三世代世帯とは、世帯主を中心とした直系三世代以上の世帯をいう。
　　　（6）その他の世帯とは、上記（1）〜（5）以外の世帯をいう。
　　2．高齢者世帯とは、65歳以上の者のみで構成するか、またはこれに18歳未満の未婚の者が加わった世帯をいう。
　　3．平成7年の数値は兵庫県を除いたものである。

まず，夫婦のみの世帯であるが，1975年の387.7万世帯から2000年には942.2万世帯と，約2.4倍となり，2008年には，107.3万世帯と約3倍に近くなっている．また，夫婦と未婚の子のみの世帯は，1975年の1404.4万世帯から2000年の1492.4万世帯と，増減を何度か繰り返し，2008年には，1473.2万世帯あった．
　ひとり親と未婚の子のみの世帯は，1975年の138.5万世帯から320.2万世帯まで増え続けている．以上が，核家族世帯である．
　三世代世帯は，1975年の554.8万世帯から2000年には482.3万世帯となり，2008年には422.9万世帯となった．その他の世帯は，1975年の203.4万世帯から279.6万世帯を経て，313.6万世帯まで増えた．2008年の全世帯に占める家族世帯の割合は，75.1％であり，単身世帯の24.9％の約3倍あった．
　核家族世帯の動向について，全世帯に占める割合でみると，1975年の58.7％から2008年の59.8％まで，2.2ポイントの伸びである．しかし，内容をみると，夫婦のみ世帯が，11.8％から22.4％と倍になっているのに対し，夫婦と子のみ世帯が，42.7％から30.7％へと10ポイント以上割合を減らしている．
　この傾向は，核家族化というよりは，少子化と連動した「夫婦家族化」といったほうが適切である．それほど少子化は，いちじるしかった．

少子化

　少子化というのは，家族単位でいえば，一家族当たりの子ども数の減少を指す．一般にこのことは出生率であらわされるが，一家族の子ども数をあらわす場合，合計特殊出生率であらわすほうがわかりやすい．
　合計特殊出生率というのは，女性が生涯に産む子どもの数のことである．しかし，女性ひとりによる人間の生産力を意味するのではなく，男女2人の人間から生まれてくる子どもの数である．途中死亡も考えると2.08が人口を維持するための数字，すなわち人口置き換え水準である．
　この合計特殊出生率（以下出生率）の推移をみておこう．まず，1947年の出生率は，4.54であり，戦後のベビーブームの最初の年だけあって，この数字が

続くと人口は，倍増し続ける．それが1950年には3人台になり，1961年に2人台をいったん切ってから，1975年ごろまでは，置き換え水準からそんなにひどく割り込むことはなかった．しかし，1990年代には1.50を割り込み，1997年には1.40も割り込んだ．1.40という出生率が二世代続くだけで人口は半分になる．2003年には1.29と，ついに最低の想定水準になった．

1.20が二世代続くと，人口は3分の1に自然減する．労働人口が激減するわけであるから全体社会の経済水準の維持さえ危うくなる．

家族にとっては，文字通りひとりっ子時代の到来である．ひとりっ子ということになれば，夫婦に子ひとりの場面ではなく，夫と妻，母と子，父と子の3種のツーショット（2ショット）が現出する．スリーショットとの違いは，愛憎の振幅が大きくなりがちなことである．したがって，当事者はもうひとりの家族員との関係に神経質になり，さまざまなトラブルを抱えることになる．さらにいえば，ツーショットへの恐怖心から夫婦・親子が「向き合うこと」をしない．向き合えない家族で育った子どもは，他者と向き合えなくなる．

向き合うことの基本は，アイコンタクトができるとかできないとかの表層は置くとして，それぞれの社会的現実から「逃げない」ことである．

少子化のなかの家族

平均世帯人員の推移をみることによって，家族の小規模化の様子を概観したい．

世帯とは「家屋と経済を一（いつ）にする人たち」のことをいい，定義上は，家族が同一にしやすいことの一部を共有するにすぎない．しかし，統計的な資料としては世帯で代替して記述している．

まず，1953年時点での平均世帯人員は，5.00人であり，4.00人を切ったのは1961年であり，3人を切ったのは1992年である．その後も少しずつ減少し，2008年時点では2.63人である（表1-2）．モデルを考えても夫婦に子どもひとりが存在しないことになる．

表1-2 合計特殊出生率と平均世帯人員の推移

年	出生率	平均世帯人員
1947	4.45	
1950	3.65	
1960	2.00	4.13
1970	2.13	3.45
1980	1.75	3.28
1990	1.54	3.05
1999	1.34	2.79
2000	1.36	2.76
2001	1.33	2.75
2002	1.32	2.74
2003	1.29	2.76
2004	1.29	2.72
2005	1.26	2.68
2006	1.32	2.65
2007	1.34	2.63
2008	1.37	2.63

出所)『平成21年版 厚生労働白書』より筆者作成

　現実に，学生の家族構成をみても，1990年代と2000年代とでは「ひとり親家族」が確実に増えている．この「ふたり家族」の直面する問題は，主に2つある．コミュニケーションと経済の問題である．それぞれが個々のやるべきことに専念したいのならば，コミュニケーションの方法と時間を明確にしておく必要がある．それぞれが別の方向を向いて修正が効かない場合があるからである．これは，「向き合うこと」以前の問題である．気づかないでいる間にそれぞれの人生の目的や生き方にずれが生じてしまって，「向き合え」ない状態になってしまう．

　ひとり親家族の場合，ひとりの親が働き手であることが多く，このような単

独収入の世帯にとって，親の収入を含めた経済上の位置が子どもの人生を大きく左右する．世はまさに不況のどん底にあるから，ひとり親の懐具合も必ずしも良いわけではない．そこで，親の表情も自然に明るくはならない．子どもが先回りして，親の意思を確かめずに進学を辞退するような例が出てきていると聞く．子どもは，大人や親が考える以上にまわりの状況に敏感に反応している場合がある．

ここで，ひとり親家族の経済状況に関する統計資料を出して詳しく論じることはできないが，格差の下の層をなすことは火をみるより明らかである．だがしかし，ここでも所得保障さえすればよいというような安易な解決策では，誰も納得するものではない．

家族の機能変化

家族というものをものすごく単純化して現象面だけで述べてしまえば，「ふたり以上の人間がそのようなものとしての自覚に基づいて織りなす行動パターン」であるから，その行動の目的と結果とが存在する．その目的と結果を「はたらき」そして社会学的には「機能」と呼ぶ．家族の規模の縮小とともに，家族の機能も縮小してきているという説がある．

たとえば，オグバーンは，近代工業の勃興によって大量生産・大量消費が可能になり，専門化が進展して，彼の提唱する経済，地位付与，教育，保護，宗教，娯楽，愛情の7機能のうち，愛情以外の諸機能が，企業・学校・政府などの諸機関に吸収され，失われるか弱化していったと分析した．

このことを少し説明していく．産業化以前の状態において，家族は生産手段を有する経済単位として機能していた．農家や自営の人たちは，その生産手段としての農地や家業の継承・維持のために直系家族形態を維持していた．しかし，近代工業の発達により，家族は生産手段を失って，生活の場である家庭と職場が分離していった．いわゆる「生産機能の放出」が行なわれた結果，家族は消費の単位となった．

かつて，家族は，生まれながらにしてその子どもを自らが属する社会の決められた位置にオリエンテーリングする機能を有していた．封建時代，長子の多くは生まれおちた家族（出生家族）の封建社会内での地位をそのまま受け継いだ．

拙編著『新世紀の家族さがし』の新版には，「あととり」にこういった社会的地位を与えるのは，日本国憲法施行までであると記したが，今般の二世議員やタレントの多さをみると（世襲が法的に守られないことも承知の上で）そうともいえないような気がしてきた．

また，上記と関連して，教育の機能または社会化の機能は，人が生まれてからこの社会で生きていくための方法の獲得への援助である．大人になる過程もあれば，高齢期への適応もある．いわゆるモンスターペアレンツもいれば虐待も跡を絶たないことからこの機能も薄れてきているとされる．宗教や娯楽の機能も然りである．このように本来あったとされる家族の諸機能が産業化の進展とともに家族から失われつつあるとする「家族機能縮小説」をとる人たちが一方にある．

家族機能の純化

それに対し，バージェス（Burgess, E.W.）に代表されるような「家族機能専門化説」をとなえる人たちがいる．家族は伝統的機能を失い，子どもを養育し，愛情を授受し，パーソナリティ発達を支える機能に専門化したというのである．それは，個別ばらばらに「…欲求充足に終わるのではなく，家族員めいめいのための福祉追求の文脈に位置付けられてこそ家族の機能になる…」ため，それらを結びつけるものを「基底機能」としている．経済のうち生産機能は企業に，教育機能は学校に，保護機能の一部は国によって代替され，家族は愛情の機能に専念できるようになった．それが証拠に，結婚はかつてのように「経済婚」ではなく「愛情婚」といえるようになったという．

このことと経済成長の関連は経済学者に譲る．ただ，現代家族は，時代の社

会経済的な要請と自らのライフスタイルの選択によって小規模化しつつ，成員の愛情を純化し，幸福を追求してきた．あえていうなら「愛情でむすばれた両働きのふたり家族」が今世紀の典型なのかもしれない．「両働き」としたのは，ダブルインカムということだが，家族成員を必ずしも夫婦とは限らないからである．

典型だからといって，それでなくてはならないという規範的な意味はこめていない．自然とそうなる可能性が高いということである．

家族と政策

上記のように，家族の生活は，社会・経済の状況に大きく影響されると同時に政策にも大きく影響される．

とはいえ，20世紀後半から21世紀初めの10年までの間に政府の打ち出した施策は，少子化対策にしろ，高齢化対策にしろ，まったくお話にならないレベルのものである．「公的介護保険」については後述する（第12章）ので，現政府与党が鳴り物入りで導入した「子ども手当」についてみておこう．

まず，ひとり当たり26,000円という金額が独り歩きして，さもそれが既定事実のように思われているが，全く根拠のない数字であるという．ここにきて，この新しい手当に関してフランスの「家族手当」の例がもち出されることが多い．すなわち「手厚い手当で出生率2.00を確保」ということがかまびすしく喧伝されている．

詳しい数字を述べている余裕はないが，まず，「家族手当」（日本の児童手当に相当するもの）は，第2子以降の20歳未満の子どもに対して支給される．1ヵ月当たりの支給額は，第2子で115.07ユーロ（約1万5千円），第3子以降は147.42ユーロ（約2万円）となっている（2005年1月時点）．11歳以上になると，年齢加算があり，11歳から16歳までは月32.36ユーロ（約4千円），16歳以上19歳以下では月57.54ユーロ（約8千円）加算される．フランスの家族給付は，いわゆる児童手当も含めて30種類もの手当があり，また，生活困窮者や低所得

者を対象としたものではなく，一般世帯全体を対象としている．

しかし，いくら手当が充実していても，それだけで出生率の上昇にはつながらない．フランスでは，「保育ママ」をはじめ保育の充実があるからこそ，児童諸手当が生きるのである．その手当を利用して子どもを預け，その時間で働くことで，拡大再生産が可能である．

欧米の出生率の低下を一時的にしろ食い止めた経験のある国は，保育が充実しており，母親の手から子どもを引き離す時間を保証するのである．デンマーク，スウェーデンもそうである．

ドイツでは，妊娠中の医療費は自己負担なしで，子どもの医療費は18歳まで無料である．育児休暇中，それまでの手取り収入の「67％」が最大14ヵ月もらえる「親手当」が支給され，最長3年まで健康保険など社会保障関連費を国が負担する．それでも，2008年の合計特殊出生率は1.38だったと聞く．ただし，この政策は，実施されたばかりだから，静観したい．

個人の選択と家族

こうした社会保障の充実があって初めて，個人の選択が可能になる．個人の選択は，自由であるというのが至上命題ではある．

すなわち，好み以外の条件をいれずに配偶者選択をしたいし，愛情以外の他の要素をいれずに結婚したいし，タイミングなど考えずに親になりたい，しかし，他の要素が障壁になり，邪魔をする．ノイズが入りその選択を捻じ曲げる．自由な選択に影響する種々の要素をノイズと総称するなら，日本では，国の政策がしばしばノイズになる．

フランスでは，結婚の際に，市役所で証人を立てた厳かなセレモニーが行なわれ，「夫婦はたがいに貞節と助け合いと援助の義務を負う」と民法が朗読されるという．それに準じ，義務関係を緩やかにした「パクス婚」という制度がある．「パクス（PACS）」というのは，連帯市民協約と訳され，裁判所の書記課に出向いてサインするだけで男女間でも同性間でも結べる契約であり，一方

表1-3 家族に関する指標の日豪比較

	日　本	オーストラリア
合計特殊出生率	1.37（2008）	1.81（2005）
高齢化率	21.0%	13.0%（2004）
世帯類型	核家族　79.6% （夫婦のみ　　　　29.8%） （夫婦と未婚の子　40.9%） （ひとり親　　　　 8.9%） 三世代　11.7% その他　 8.7%	夫婦家族　　　85% ひとり親家族　14% その他の家族　 1%

出所）厚生労働省監修『平成21年版　厚生労働白書』ぎょうせい，2009年等から筆者作成

の破棄宣言で簡単に破棄できる．貞操の義務がなく，借金の連帯責任もなく，相続もない．共同生活の便利さだけを享受できるという触れ込みで導入され，10年になるという．この制度が日本になじむかは別として，この自由度がよい．ノイズがない．

　ここで，もう一度オーストラリアの家族と比較しながら，日本の家族の将来像を予測したい．

　改めて比較すると，オーストラリアの家族形態がそう極端だとはいい切れない．

　まず，全世帯に対する単独世帯の割合が，両国とも25%ずつで全く同じ比率を示している．そのことを踏まえると，まったく異なるのは三世代家族はオーストラリアには皆無であるということである．表からはわからないが，学卒後の親との同居がほとんどみられない．オーストラリアでは，また，ひとり親家族の比率が高いことがみて取れる．

　日本も，同じ傾向の変化をするとはいわないが，家族が小集団だとすると，それはますます小さくなる．小さくなったうえに個人化する．

🖋 家族の将来

　家族の将来をいい当てても，どうということはないかもしれない．しかし，将来予測に基づけば生活設計は楽になる．

　『新世紀の家族さがし』では，（1）「シングルは，増える」と断じた．意味は，シングル世帯がもっと増えるだろうということと，生涯未婚率が上がるだろうということだった．

　次に，（2）出生率は，1.26（2005年）からさらに下がるかもしれないと書いた．政府の少子化対策が効を奏さないだろうと予測したからである．しかし，下げ止まり，1.37で回復基調にある．ただし，既述のように「子ども手当」でどうにかなるとは思えない．

　また，（3）家族規模は縮小し，（4）家族機能は，「愛情」に収れんし，（5）専業主婦はなくならない．（6）離婚は増え，（7）個人化し，（8）さまざまな形態の家族が増えると予測した．それぞれ根拠があってのことである．

　ここ5年間でいえば，離婚件数は減ってきている．人口千人当たりの離婚数を示す一般離婚率は，2004年からの5年間で，2.15，2.08，2.04，2.02，1.99と減ってきている．不況による家計収入の減少が離婚に一時的に歯止めをかけているとも考えられる．

　離婚もまた，人びとが時代と社会経済状況，そして自らの家族観とライフプラン等々のあらゆる条件をインプットした結果の選択である．

　一方に，人びとがどんな選択をしようと真剣に生きることを望んだ末の判断を支持，援助しようという国がある．他方，日本のように，よく考え込まれたとは思えない，ノイズにしかならない政策をとる国もある．人びとの生活，ライフコースを取り巻くセーフティネットの差であろうか？

　私たち日本人の家族は，前世紀に気付き，恐れていたような社会に放り出されてしまったのか．それは，冷たく，自分の身は自分で守らなくてはならない社会なのか？

　それとも私たち一人ひとりの自覚と行動，そして協働によって，平和と幸せ

な暮らしが実現できる社会に生きられるのか？　これも，選択の時なのかもしれない．

参考文献

浅野素女「二人の連帯　from Paris」Agora February 2010年1月17日，日本航空インターナショナル

厚生労働省「最も手厚いフランスの経済的支援」『平成17年版　少子化社会白書』
(http://www8.cao.go.jp/shoushi/whitepaper/w-2005/17WebHonpen/html/h1420510.html)

増子勝義編著（2007）『新版　新世紀の家族さがし』学文社

マードック，G. P.(内藤莞爾訳)（1978）『社会構造』新泉社

森岡清美・望月嵩（1993）『新しい家族社会学（三訂版）』培風館

田口理穂「少子化対策　ドイツの試行錯誤に学べ」『朝日新聞』2010年1月10日，私の視点

第2章　パーソナル・ネットワークからみた家族

「孤独死ゼロを目指します」

　千葉県松戸市にあるＡ団地自治会長のＮさん（76）から久しぶりに連絡をもらった．
　孤独死とは，看取る人もなく一人きりで死ぬこと．広辞苑にも，2008年発行の第6版から，社会に定着した言葉として紹介されている．
　9年前，団地に住む独居の男性が白骨死体で発見された．Ｎさんらは，新聞販売店や鍵の業者らの協力も得て，独り暮らしの住民らの見守り活動を始めた．団地にある商店街の一角に，誰もが立ち寄って茶飲み話ができるサロンも開いた．先駆的な取り組みに，全国から講演の依頼が相次いだ．
　そこで今回，これまで築いてきたノウハウを広く社会に伝えようと，孤独死ゼロを目指すNPO法人を作ろうと考えた．来月18日に，同市内で設立の集いを開く．
　Ｎさんによれば，孤独死する人には「ないないづくし」が目立つ．身内があっても連絡がない，友達がいない，隣近所と仲良くないなど．血縁や地縁，会社との間に結ばれていた社縁など数々の絆が失われた結果の死．「これをいかに『あるあるづくし』に変えていけるかが課題」と力をこめる．

　　　　◇　（中略）　◇

　家族の絆が弱まれば，それに代わる絆が求められる．全国に約3万人の会員を持ち，高齢者の生きがいボランティア活動を行っているNPO法人「ニッポン・アクティブライフ・クラブ」（大阪市）は，Ａ団地の取り組みを参考に，5月から孤独死ゼロに向けた活動を全国的に始める予定だ．独居高齢者への声かけや訪問が中心で，遺品の処理なども検討している．「孤独老人の増加は超高齢社会の課題．元気シニアのパワーで新しい『地域の絆』を作りたい」と会長の高畑敬一さんは話す．
　生涯未婚が増える一方，子供に先立たれる高齢者も増え，家族をもたない人も珍しくなくなってきた．家族の絆を大事にするのはもちろんのこと，たとえ家族がいなくても，隣近所や友人など身近な人間関係の中で絆を作り上げていくことが大切になってきている．

　　　　◇　（後略）　◇

出所）『読売新聞』2010年3月26日付朝刊東京版13面［綴話急題］孤独死ゼロを目指して　地域や友人　絆を作ろう　を一部修正
　　　　　　この記事は，読売新聞社の許諾を得て掲載しています．

🔑 キーターム

ネットワーク（network）　通信や交通にも当てはめられる網の目状態を指すが，社会学や人類学では社会関係の網の目を指す用語．ネットワークには個人―個人，個人―機関，機関―機関などの関係がある．

「ネットワークとしての家族」（family as network）（野沢，1999）　パーソナルネットワークの視点から家族生活を分析する視点である．家族は家族構成員（父，母，子ども等）という個人の集合体であり，ネットワークの集合体としてとらえることを意味する．

「ネットワークのなかの家族」（family in network）（野沢，1999）　家族はその外側にさまざまな社会関係，お付き合い関係（親族・近隣・友人・同僚等）を保有することにより，多様なネットワークに囲まれて家族生活があることを指す．「ネットワークとしての家族」「ネットワークの中の家族」の両者の視点により，家族生活が自明のものではなく，多様なネットワークの集合体の中で作り上げられていることを分析可能にする．

子育てネットワーク（child-care network）　核家族化にともなう子育ての主たる担い手が女親（母親）に特化される傾向が進む中で，「母子カプセル」と呼ばれる閉鎖的な子育て空間が登場した．それに対し，おなじ子育て期にある母親どうしが互いに「ママ友達」となり，子どもを取り巻くゆるやかなネットワークの中で子育てをしようと試みられている．「公園デビュー」とは，ママ友達獲得のため公園での交流を試みることをさす．

🔗 なぜ家族をネットワークからみるのか？

　家族を語るとき，人はあたかも疑いようなく，「ふつうの家族」や「標準世帯」といわれる夫婦と子どもによる家族をイメージしていないだろうか．だが2005年の国勢調査結果によれば，日本国内の一般世帯総数およそ4,906万世帯のうち，この標準世帯に相当する「夫婦と子ども世帯」は約1,465万世帯のみで，全体の29.9％ほどでしかない．残りの内訳は「単独世帯」（29.5％）「夫婦のみ世帯」（19.6％）「片親と子ども世帯」（8.4％）「その他の親族世帯」（12.7％）となる．つまり，日本の家族構成は実に多様なのである．

　こうした多様な家族の実態を記述し，分析する視点として，パーソナル・ネットワークという視点が有効だろう．ここでパーソナル・ネットワークとは，「個々人のもつおつきあい関係の総体」のことだ．おつきあい関係といわれると，それは親族，近隣，同僚，友人などの家族の外側の人びとを意味するのみと思われがちである．だが，このパーソナル・ネットワークという視点を家族生活の実態把握に応用することも可能である．そこでここでは「ネットワークとしての家族」と「ネットワークのなかの家族」という考え方を示したい（野沢，1999）．

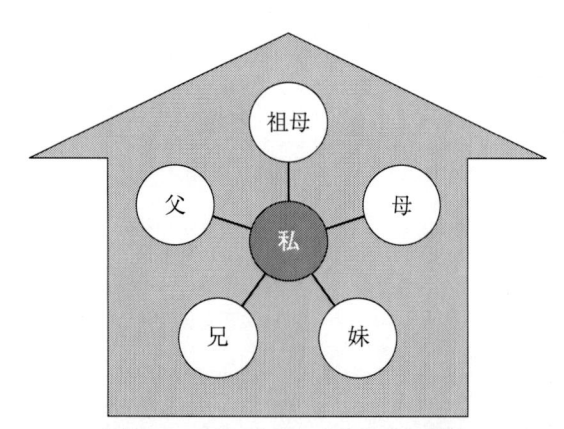

図2-1　ネットワークとしての家族
出所）立山徳子（2007）「都市・家族・ネットワーク」沢山美果子・立山徳子ほか『家族はどこへいく』青弓社

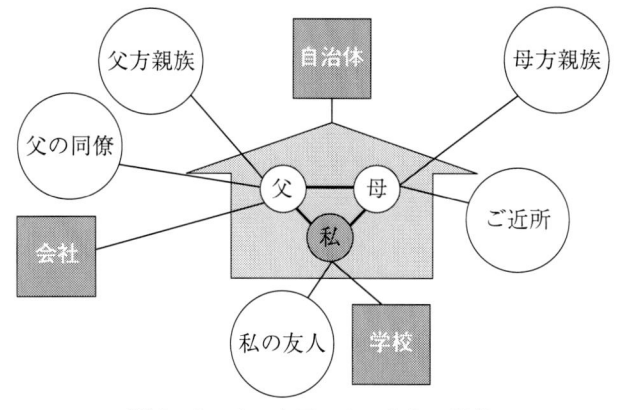

図2-2　ネットワークのなかの家族

出所）図2-1と同じ

　「ネットワークとしての家族」とは，「私」を中心にしてみたとき一緒に生活をする家族もまた，ネットワークの塊（個々人のもつおつきあい関係）であることを意味する（図2-1）．この図の場合，「私」は祖母，父，母，兄，妹との6人家族であり，「私」にとっては自分以外の5人のメンバーが家族内にいる状態である．もちろん，図のような大所帯でなく，核家族や単身世帯の場合，家族のなかのメンバーは少なくなってくる．重要なのは，この家族メンバーが「私」にとって，相談したり，助けを借りたり，一緒に過ごしたりする人的資源であるということだ．ひとり暮らしなら，自分以外には世帯内に助けとなったり，相談したりする人は存在しないことになる．「ネットワークとしての家族」という視点は，個々の家族がどのような人と，何人で構成されているのかという点から，家族のなかの人的資源のあり方に注目するものである．

　一方，「ネットワークのなかの家族」とは，家族の外側にあるさまざまなつきあい関係に注目する視点だ．家族メンバーはそれぞれに家族の外側につきあい関係をもっており，家族全体もそれらのおつきあい関係に囲まれ，時にモノや手助けのやりとりをしながら家族生活を営んでいるということを意味する（図2-2）．この図の場合，父，母，そして私がそれぞれ家族外にもつ資源が

描かれている．ここでは人ばかりでなく，自治体や会社，学校などの組織も家族と関わりをもつ資源として考えられるだろう．

このように家族をパーソナル・ネットワークの視点からとらえてみると，どのような家族のなかにいるのか，またどのような人や組織に家族が囲まれているのかという2点が，家族を取り巻く人的資源の論点として浮かびあがってくる．

以下，「ネットワークとしての家族」と「ネットワークのなかの家族」を，具体的には都心・郊外・村落の居住地ごとの子育て期家族に注目することにより，現代日本の家族が多様なネットワークを駆使して家族生活を送っている実情を示したい．

「ネットワークとしての家族」からみた子育て

居住地によって，「ネットワークとしての家族」には違いがあるのだろうか．ここでは神奈川県で実施された子育て期の家族調査データから確認してゆこう[1]．

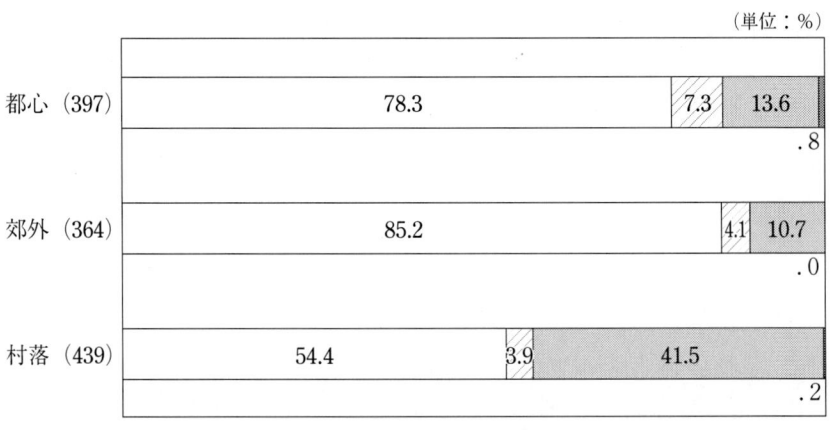

(単位：%)

居住地	夫婦と子ども	片親と子ども	三・四世代同居	その他
都心 (397)	78.3	7.3	13.6	.8
郊外 (364)	85.2	4.1	10.7	.0
村落 (439)	54.4	3.9	41.5	.2

図2-3　都市度×世帯類型
(χ二乗検定：0.1%水準有意)

図2-3から都心・郊外・村落別に家族構成をみると，都心では78.3％，郊外では85.2％が「夫婦と子ども」から構成される家族である．「夫婦と子ども」世帯と「ひとり親と子ども」世帯がともに核家族と呼ばれる家族形態になるのだが，都心と郊外の家族の場合，この核家族世帯がほとんどだということになる．一方，村落の場合は「夫婦と子ども」世帯は54.4％，「ひとり親と子ども」世帯が3.9％と核家族世帯は6割弱となる．その反面，村落に多くみられるのは「三・四世代同居」世帯で，41.5％がこれを占める．

「ネットワークとしての家族」という点から言い換えれば，核家族世帯が圧倒的多数である都心や郊外の家族の場合，家族のなかの人的資源はごく限られており，とくに子育てという場面では，その役割を担えるのは父親と母親（片親の場合はどちらか一方）のみということになる（図2-4）．これは三・四世代同居世帯が多い村落の家族と比べると，大きな違いだ．村落家族の多くは，子育ての人的資源には父親と母親のほか，祖父母がさらに加わることが多いのだ（図2-5）．

こうした「ネットワークとしての家族」の違いは，家族のなかで'できること'と'できないこと'の差をもたらすことになる．仕事や用事で夫婦の間で

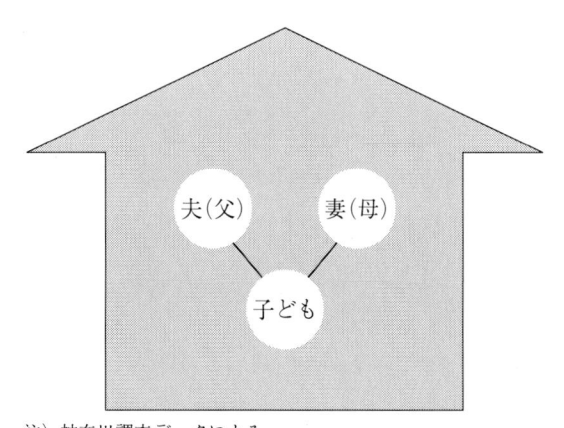

注）神奈川調査データによる

図2-4　ネットワークとしての家族
都心・郊外家族の場合

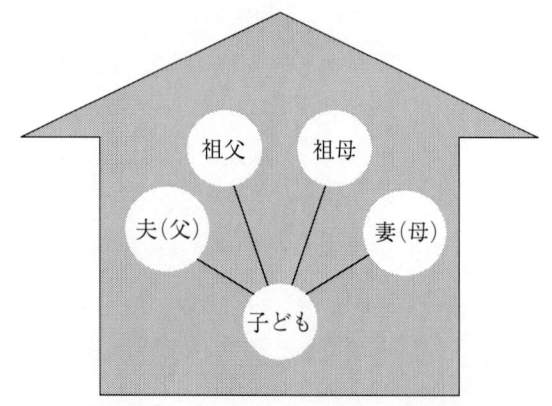

**図2-5 ネットワークとしての家族
村落家族の場合**

手一杯になって子どもに手がまわらないという非常事態でも，同居の祖父母が子どもの面倒をみられるという三・四世代同居家族の場合は，核家族に比べると家族のなかで'できること'が多くなる．「ネットワークとしての家族」の違いは生活問題の処理能力の差を生むのだ．

「ネットワークのなかの家族」からみた子育て

では「ネットワークのなかの家族」については，都心・郊外・村落の家族の間にどのような違いがあるのだろうか．ここでは家族外ネットワークとして，（妻からみた）実親と義理親，親族，近隣，友人，ママ友に注目しよう．ネットワークを記述する論点にはいくつかあるが，以下ではネットワークの空間分布とサポート性を検討する．

まずネットワークの空間分布とは，各ネットワークが家族からみてどのくらいの時間距離範囲に分布しているのかを問うものである．これにより保有するネットワークが居住地周辺にコンパクトに凝集しているのか，それとも散らばって分散しているのかを知ることができる（Wellman, 1979＝野沢・立山, 2006）．ここでは，近接居住が自明である近隣を除き，実親，義理親，親しい

第2章　パーソナル・ネットワークからみた家族　27

親族，親しい友人，親しいママ友について，「徒歩圏内」「1時間以内」「2時間以内」「2時間以上」の距離区分別に回答パーセンテージを示した[2]．都心・郊外・村落の家族がどのようなネットワークに囲まれているのか検討しよう．

まず，都心家族の場合（図2-6），実親の居住地は「1時間以内」という比較的近距離に分布している者もいる反面，「2時間以内」や「2時間以上」にもいくらか分布がみられることから，実親居住地にはややばらつきがみられる．こうした傾向は義理親の場合も同様だが，義理親居住地でもっとも比率が高かったのは「2時間以上」だ．都心家族にとっての親は，妻からみた実親が近く，義理親は遠くに分布しているという「マスオさん現象」が特徴だ[3]．親というネットワークが比較的遠方に居住しているということは，子育ての場面で親に頼りにくい状況にあることにつながる．だがその反面，きわめて近距離である「徒歩圏内」に7割近くの都心家族がママ友を配置していることに注目したい．遠方の親に頼れなければ，子どもを通じて知り合い，互いに母親役割の苦

(単位：％)

義理親 33.5
実親 28.3
2時間以上 18.5
20.0
2時間以内 29.5
31.5
1時間以内 18.5
21.6
徒歩圏内 71.9
ママ友
17.0
47.8　31.6
19.1
16.9　親族
親しい親族なし 20.9
友人

注）神奈川調査データによる

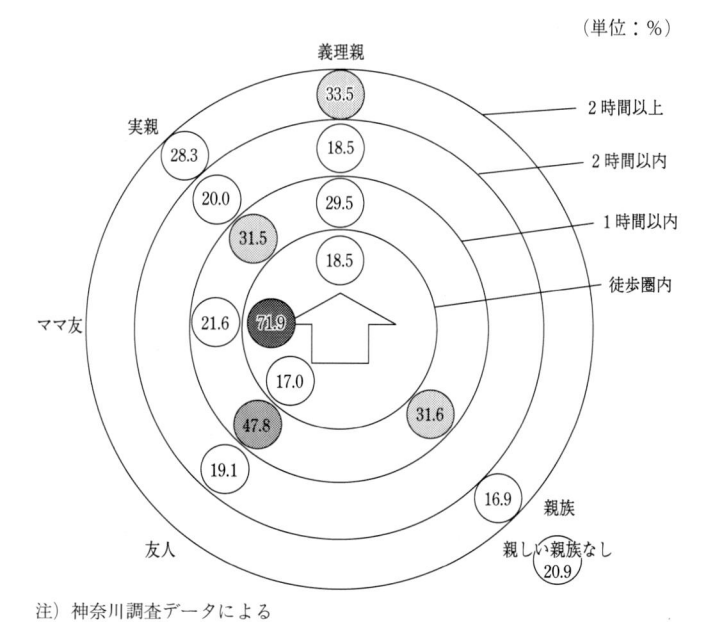

図2-6　ネットワークのなかの都心家族

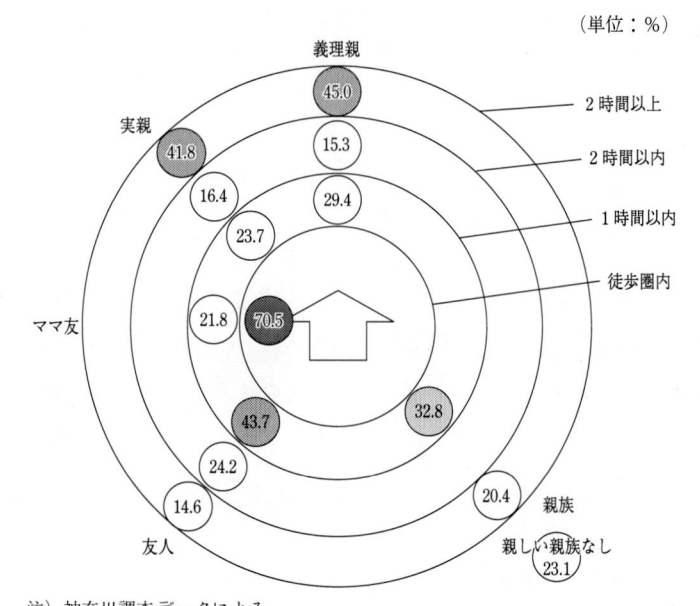

(単位：%)

義理親 45.0
15.3
29.4

実親 41.8
16.4
23.7
21.8
70.5
43.7
32.8
24.2
14.6
20.4

2時間以上
2時間以内
1時間以内
徒歩圏内

ママ友
友人
親族
親しい親族なし
23.1

注）神奈川調査データによる

図2-7　ネットワークのなかの郊外家族

楽をともにできるママ友を自前で開拓するというのが，どうやら子育て期にある都心家族のサバイバル法のようだ．

　これと非常によく似ているのが，郊外家族のネットワーク配置である（図2-7）．都心家族と同様，郊外家族の場合も7割がママ友を徒歩圏内に確保している．ただ決定的に都心家族と違う郊外家族のネットワーク配置の特徴は，妻からみた実親も義理親もその多くは「2時間以上」というかなり遠方に分布していることだ．これは郊外住宅地が1960年代以降の住宅開発により地方から都市部への新規流入人口居住地としての受け皿の役割を果たしてきた空間であることが背景にあるだろう．郊外家族の多くは地方出身者であり，そのため両親の居住地からは離れていることが多いのだ．

　最後に村落家族のネットワーク配置をみると，都心や郊外家族のそれとは全く異なることに気づく（図2-8）．妻からみた実親，義理親ともに「同居・徒歩圏内」が多く，「1時間以内」までを合わせると実親の7割以上，義理親の

(単位：%)

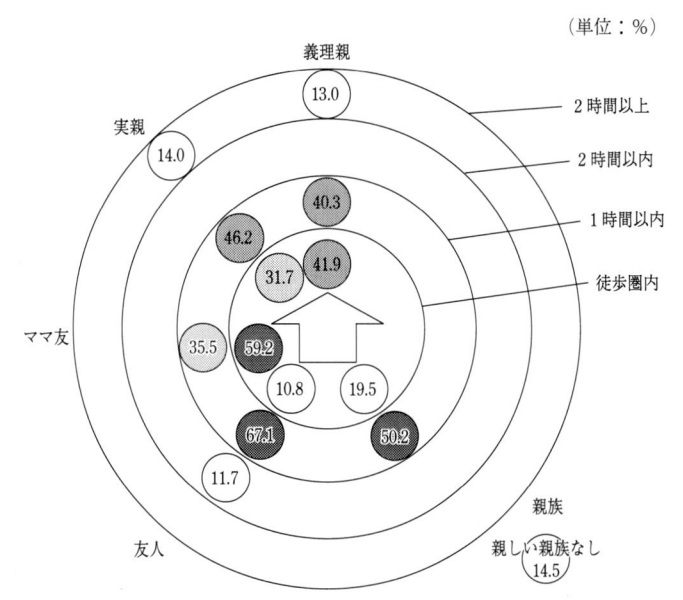

義理親 13.0
実親 14.0
2時間以上
2時間以内
1時間以内
徒歩圏内
40.3
46.2
31.7 41.9
ママ友
35.5 59.2
10.8 19.5
67.1 50.2
11.7
友人
親族
親しい親族なし 14.5

注）神奈川調査データによる

図2-8　ネットワークのなかの村落家族

8割以上がこの範囲に居住していることになる．この傾向は親しい親族の居住地にもみられる．「徒歩圏内」におよそ2割，「1時間以内」まで含めると7割の村落家族が親しい親族とのアクセス可能ということになる．反面，ママ友に注目すると，都心や郊外家族の7割が「徒歩圏内」にママ友を配置していたのに比べて，村落家族の場合，ママ友の空間分布はやや分散する．

ここまでをまとめると，都心・郊外家族のネットワークは空間的に分散する傾向があるが，唯一ママ友だけが極めて近距離圏内に配置され，日頃の子育てに有形・無形の交換関係が形成されている様子がうかがえる．一方，村落家族のネットワークは極めて近距離範囲内に凝集した分布傾向であり，実親，義理親，親族，ママ友といった多様なネットワークが，時と場合に応じて子育てを支えていることが推察される．

さて，こうした家族外のネットワーク配置がどのようなサポートを提供できている（できていない）のか確認しよう．図2-9は子育ての場面でどのくらい

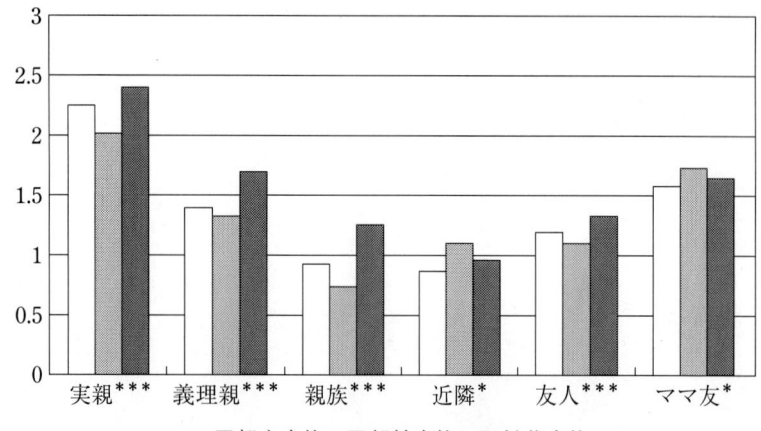

注)図中記号は平均の差の検定結果を表す．＊＊＊は0.1％，＊は5％水準の有意差．
注)神奈川調査データによる

図2-9 ネットワーク別のサポート得点

サポート提供してくれるかをサポート得点とし，各ネットワーク別に尋ねた結果である[4]．都心・郊外・村落家族の受け取るサポート得点を比較してみよう．

　これによると各ネットワークのうちでもっとも子育てサポートを提供しているのは，妻からみた実親である．実親に次ぐ子育てサポートを提供しているのは，義理親またはママ友となる．だがこれらのサポート得点を都心・郊外・村落の間で比較すると興味深いことに気づく．実親，義理親，親族，友人のネットワークからの子育てサポート得点は，いずれも村落＞都心＞郊外の順に高い．だが，ほかの近隣，ママ友からの子育てサポート得点については，郊外家族の受け取るサポートがもっとも多く，郊外＞村落＞都心の順になっている．

　先でもみてきたように，村落家族の周辺に分布する実親，義理親，親族，友人からはそれぞれのアクセシビリティを背景としたサポート提供を得られやすい環境にあることがわかる．一方，こうしたネットワークへのアクセシビリティにもっとも不利な環境にある郊外家族が，近距離圏内に配置された近隣やママ友ネットワークからは，ほかの家族よりも豊かな子育てサポートを受け取っ

ているという事実は，ネットワーク資源の不足や不利を他のネットワークで補完しようとする「ネットワーク戦略」ともいえるだろう．

アジア家族のネットワークと子育て

さて，こうしたパーソナル・ネットワークの視点を海外の家族に当てはめてみると，どのような現実が確認できるのだろうか．ここではアジア諸国と日本の家族の子育てを中心に調査研究をした事例を紹介しよう．落合らは韓国（プサン市・テグ市），中国（無錫市），台湾（台北市），タイ（バンコク郊外），シンガポールの5都市に居住する都市中間層を対象として，それぞれの社会の子育て実践がどのようなネットワークを動員して行なわれているのか報告している（落合・山根・宮坂，2007）（落合，2008）．それによると，アジア家族の子育ては実に多様だ．

ここでは落合らの報告を本章の視点に基づき，家族内ネットワーク（母親，父親），家族外ネットワーク（親族ネットワーク，他のネットワーク，家事労働者，施設）に分類し，子育てへの貢献度に応じて得点化してまとめてみた．

家族内ネットワークのうち，中国とタイはともに性別役割分業が希薄で父親の積極的な子育て参加がみられる．中国の場合，社会主義政策のため女性労働が推奨される背景があり，タイの場合はもともと双系社会であることが男女の間での役割分担を希薄にしているとされる．それに対し，性別役割分業が強いのは韓国と日本だ．両国では「男性（父親）が働き，女性（母親）が家事と子育てをする」というジェンダー規範が強い．両国の母親たちは家族のなかで母親役割に閉じ込められる傾向にある．

一方，家族外ネットワークに目を向けると，さらに興味深い違いがみられる．親族ネットワークは，中国，シンガポール（調査対象は中国系のみ），台湾の中国系社会において極めて大きな子育て貢献度がみられる．これらの国々における親族は，親族間での食事や家事の共同が日常的であり，特に中国では子どもの面倒は祖父母がみるものという規範があるため，親族の果たす役割は大きい．

表2-1 アジア家族のネットワークと子育て

	家族内ネットワーク		子育て分担得点（家族内）	家族外ネットワーク				子育て分担得点（家族外）
	母親	父親		親族ネットワーク	他のネットワーク	家事労働者	施設	
中　国	◎−	◎	6点	◎	○	△（大都市は○）	◎	9点（大都市10点）
タ　イ	◎	◎	6点	○	○	○	×	6点
シンガポール	◎−	○	5点	◎	△	◎	○	10点
台　湾	◎	○	5点	◎	?	○	△	6点
韓　国	◎+	△	4点	○	○	△	△	6点
日　本	◎+	△（共働きは○）	4点（共働きは5点）	△（共働きは○）	○	×	△（共働きは○）	4点（共働きは6点）

注）1．図中の記号は，◎「非常に効果的」○「ある程度効果的」△「存在するがあまり効果的でない」×「ほとんど効果的でない」を表す．
2．「母親」のみに用いた◎−は「非常に効果的だが，責任が集中していない」，◎+は「非常に効果的だが，責任が集中している」を表す．
3．シンガポールは中国系に限定．
4．子育て分担得点は◎を3点，○を2点，△を1点，×を0点として加算したもの．

出所）落合恵美子（2008）「アジアにおけるケアネットワークと福祉ミックス」『家族研究年報』33, pp.3-20から，一部加筆

　家事労働者，いわゆるメイドやお手伝いもアジア家族のなかで欠かせない存在だ．貧しい農村出身女性や，近年ではグローバリゼーションを背景として他の近隣諸国（ミャンマー，フィリピン，インドネシア，ベトナム）からの出稼ぎとして家事を担う女性移民が急増している．こうした都市─農村，先進・新興国─発展途上国という経済格差を背景に，貧しい国の女性たちは豊かな国の女性たちを家事・育児労働から解放している構図がある．この点ではシンガポールが際立って家事労働者の使用が浸透しているものの，広くは日本以外のアジア家族に組み込まれた存在といえる．

　最後に施設については，中国とシンガポールでもっとも充実している．これは親の所得階層や就労の有無に関わらず，すべての家族に対して育児サービス

の提供を受けられる制度があるからだ．いずれの国も女性労働力の活性化を国策として重視するがゆえの結果である．

さて，これらさまざまなネットワークの子育て貢献度を点数化したのが，図中の子育て分担得点である．ここから明らかになるのは，日本の家族は家族内・家族外双方のネットワークによる子育て分担得点が，ほかのアジア諸国と比べて際立って乏しいということである．とりわけ，日本の専業主婦のいる家族の場合，母親にかかる子育て役割の負担は極めて重いという現実がある．

家族とネットワークとセーフティ・ネット

ここまでパーソナル・ネットワークという視点から家族のおかれた社会的環境を概観してきた．家族のあり方は，「ネットワークとしての家族」「ネットワークのなかの家族」いずれの点からみても，けっして一様なものではないことがみえた．

本章で紹介した比較検討は，都心・郊外・村落の家族間やアジアと日本といった，いずれも地域間比較にとどめたものである．より詳細に検討を加えるならば，これらのほかに社会階層（社会経済的地位）の差によるネットワーク分析が重要な分析視覚として考えられることも述べておきたい．紙幅の関係上，本章でそれには触れなかったが，一般的に社会階層の低い者ほど，ネットワークが貧弱である（関係保有量が少ない）ことが報告されている（Fischer, 1982＝松本・前田，2002）．つまり社会階層が低く経済的にも困窮しがちな家族ほど，その周囲にサポート提供をする人がいない状況におかれていることになる．

今日，日本の労働環境に目を向けると，非正規労働者が労働者全体の3分の1を占めるほどになり，とりわけ2008年のリーマン・ショック以降のリストラや採用縮小，派遣切りといった極めて厳しい労働環境の変化がある．こうした状況のなかで生み出される低賃金労働者や失業者に起こる事態は，ジョブ・レス（賃金・仕事を失い）→ファミリー・レス（家族を失い）→ホーム・レス（住む場所を失う）という負の連鎖である．そしてこの連鎖のなかで「ファミリ

一・レス」こそ，家族を囲んでいるネットワークを同時にごっそりと失うことにつながるのは，本章の読者には想像がたやすいだろう．

　家族を形成・維持するということは，①「家族（家族内ネットワーク）から個人へ」と②「家族のもつさまざまなネットワーク（家族外ネットワーク）から個人へ」という二重の意味で，個人を真綿にくるんでいる状態をつくり，個人が社会の変動に対してむき出しに放置されることを防いでくれている．その意味で個人にとって，家族，またさらには家族が囲まれているネットワークは，個々人が自力で用意することのできるプライベートなセーフティ・ネットともいえる．

　個人が手繰りよせては編み出してゆくパーソナル・ネットワークは，より安心で快適な家族生活を営むためのサバイバル術なのだ．

注

1) 本章で使用するデータは，平成20～22年度科学研究費補助金交付研究（基盤研究（C））「都市度別にみた子育て期母親の子育てネットワーク・サポートと子育てサービス利用の研究」（代表：立山徳子）において2008年10～12月に実施された調査による．調査地区は神奈川県内の都心（横浜市中区・西区），郊外（横浜市栄区・青葉区），村落（足柄上郡中井町・大井町・山北町）とした．調査対象者は各自治体に所在する複数の幼稚園・保育園の入園者（3～5歳の子ども）をもつ母親で，各サンプル数は都心（保育園：316人，幼稚園：314人），郊外（保育園：310人，幼稚園：303人），村落（保育園：300人，幼稚園：310人）で，合計1,840人である．回収票数は1,226票（回収率：66.6％），有効回収票数は1,210票（有効回収率：65.8％）であった．

2) たとえば図2-6の場合，実親の居住地の回答全体を100％とし，そのうちの28.3％が2時間以上，20.0％が2時間以内，31.5％が1時間以内に居住していると回答したことを意味する．以下，ほかのネットワークも同様にネットワークごとに回答全体のうちの％を示してある．図中では％の値が高いほど，濃い色で表現してある．

3) 漫画「サザエさん」の家族で，フグタマスオさんと結婚したサザエさんとその子どもタラちゃんの3人は，サザエさんの実家である磯野家（妻方の実親）に同居している．都市の家族が妻方親族を重視する現象は，実際の都市家族調査でもいくつか報告されている．

4) ここでのサポート得点とは，個々のネットワーク別に「子育ての相談をする人」「子どもを預けられる人」「子どもの看病を頼める人」がいるか尋ね，「いる」場合に1点，「いない」場合に0点として加算したもので0～3点の分布となる．

📖 参考文献

Fischer, C. S. (1982) *To Dwell Among Friends : Personal Networks in Town and City*, University of Chicago Press. (松本康・前田尚子訳 (2002)『友人のあいだで暮らす』未来社)

野沢慎司 (1999)「家族研究と社会的ネットワーク論」野々山久也・渡辺秀樹編『家族社会学入門』文化書房博文社, 162-191

落合恵美子・山根真理・宮坂靖子編 (2007)『アジアの家族とジェンダー』勁草書房

落合恵美子 (2008)「アジアにおけるケアネットワークと福祉ミックス」『家族研究年報』33：3-20

立山徳子 (2007)「都市・家族・ネットワーク」沢山美果子・岩上真珠・立山徳子・赤川学・岩本通弥『「家族」はどこへいく』青弓社, 103-148

立山徳子 (2008)「都市度とネットワークからみた子育て」『クォータリー生活福祉研究』(明治安田生活福祉研究所) 65：20-32

立山徳子 (2010)「ネットワーク論からみた郊外の子育て」『多摩ニュータウン研究』No.12

立川徳子 (2010)「都市度別にみた世帯内ネットワークと子育て：都心・郊外・村落間の比較検討」『家族社会学研究』(日本家族社会学会) Vol.22, No.1：77-88

立山徳子 (2011)「都市空間の中の子育てネットワーク『家族，コミュニティ問題』の視点から」日本都市社会学会『日本都市社会学年報』29：93-109

Wellman, B. (1979) "The Community Question : The Intimate Networks of East Yorkers," *American Journal of Sociology*, 84：1201-1231. (野沢慎司・立山徳子訳 (2006)「コミュニティ問題」野沢慎司編・監訳『リーディングス ネットワーク論』勁草書房, 159-204)

矢澤澄子・国広陽子・天童睦子 (2003)『都市環境と子育て』勁草書房

第3章　家族とライフコース

"オンデマンド婚"広がる

共働き夫婦　最初から別居

「結婚して1年半，毎日電話は欠かさないし，最低でも2週間に1回は互いに行き来している」．電機メーカーに勤務する吉田一雄さん（仮名，32）と美幸さん（同，32）夫妻．結婚以来，夫は神奈川県，妻は大阪府という離ればなれの生活を続けている．
　同じ会社の同期入社．とはいえ一度も同じ職場で働いたことはない．最初から遠距離恋愛を続け，そのままゴールインした．
　「結婚したら一緒に住んで世話してくれるのが僕の『妻の条件』ではない」と一雄さん．大切にしたのは精神的なつながりだ．一雄さんにとって，夫婦とは「自分は相手を背負い，相手は自分を背負い，互いに刺激し合い成長するもの」．もし夫婦が一緒に暮らすなら，どちらかが現在の職場を辞めるしかない．だが互いに今は仕事が充実しているので，その予定はない．
　必要なときに好きな映画などをネットなどを通じて視聴できるオンデマンドサービス．いつも一緒でなくても必要とするときにそばにいてくれればよいとする彼らの結婚形式は，いわばオンデマンド婚だ．
（中略）
　家族の形も多様化がいちじるしい．城西国際大学の増子勝義教授は「個々人により幸せの形は違う．個性化の時代になった」と話す．
　オンデマンド婚については「夫婦の間で合意があれば，物理的に離れて暮らすという結婚形態を選択することもあり得る．そんなほかと違う夫婦や家族が，世間からはみ出しているわけではない．夫婦どちらか一方が，家族の幸せのために犠牲になるのではなく，それぞれの幸せを感じられることが家族本来の姿だ」と指摘する．

『日本経済新聞』2008年4月25日付夕刊15面

🗝 キーターム

ライフコース研究　個人と社会の関係および社会変動を個々人の人生時間という時間軸を設定することによって解明していこうとする研究法.
コーホート　ある社会において人生上の出来事を一定期間内に経験した人びとの統計上の集団である. 出生コーホート，結婚コーホート，就職コーホートなどが設定できる.
コーホート効果　特定の歴史的出来事に特定の年齢で遭遇することによる効果.
加齢効果　加齢すること自体が人生にもたらす変化.
時代効果　特定の歴史的出来事と遭遇したさまざまの年齢幅の人に共通してみられる現象.
タイミング（timing）　ある人生上の出来事（ここではライフイベント）を何歳で経験したかということ. 時機と訳すことがある.

ライフコースとは？

家族について考えることは，ライフコースについて考えることである．なぜなら，ライフコースは，個々の人びとの人生ではなく「社会的にパターン化された軌道（pathways）」であり，人びとの人生経験の集約だからである．

実際筆者らが「人びとは家族に関して自由に多様な選択をするにいたっていない」と考えてしまうのも，ライフコース研究の賜物である．

たとえば，「平均寿命の伸びから夫婦関係も長期化しつつある」と記述したとしよう．これは，確度の低い想像の産物であるといわなければならない．本当にそういうためには，実際にある年に結婚した夫婦が全組死別するか離婚し終えるまで待たねばならない．

このように，ライフコース研究は，1980年代に日本に取り入れられて以来，実際のライフコース調査によって知見をためてきた．

方法論の説明に入る前に，ライフコースの定義を紹介しておこう．筆者の知る限り，エルダー（Elder, G.）の定義がもっとも有名かつ適切である．

「ライフコースとは，年齢によって区分された生涯時間を通じての道筋（pathways）であり，人生上の出来事についてのタイミング（timing），持続期間（duration），間隔（spacing），および順序（order）にみられる社会的パターンである」というものだ．

すなわち，ライフコースを「人びとがたどった道筋」とすることで，学際的に観察可能な対象としたのである．

ライフコースの記述

ライフコース研究は，日本では主に社会学という学問領域のなかで行なわれてきた．そして，独特の術語をもちいて記述されてきた．①役割と役割移行，②ライフイベント，③年齢，④コーホート，⑤タイミング等である．これらを説明する．

第 3 章　家族とライフコース　39

① 役割と役割移行

　社会的に期待され学習される行動様式を「役割」と呼んでいる．ある社会的場面で一定の地位を占めた行為者は，社会が用意するその地位にふさわしいものとして準備され，期待される行動様式を学習し，それぞれ個々の適応をすることによってふさわしいとされる行動を行なうようになる．

　こういうとむずかしいように思われがちだが，人は生まれた瞬間に，ある親の子になり，祖父母が健在なら孫になり，上にきょうだいがいればきょうだいになる（子役割，孫役割，きょうだい役割を得る）．また，大学では教員との関係で学生となり，同期生との間で友人役割を得ることになる．そして，それぞれの役割には，それにふさわしい行動様式が伴うのである．

　こうした役割群を社会学的には個人といっている．そして，子ども役割は，出生時に習得され，両親の双方とも亡くなったときに喪失する．

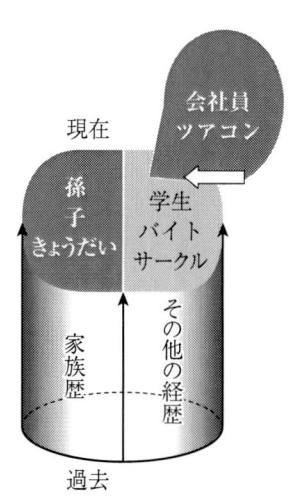

注）矢印は，時間の経過．学生の時の役割群を断面に記した．就職することはこういった役割群に職業役割と経歴をさしはさむことである．

図 3-1　個人の役割とその移行

出所）筆者作成

② ライフイベント

役割取得と喪失は，それぞれ，ライフイベント（人生の重要な出来事）にともなって生じる．たとえば，大学入学という出来事と同時に学生役割を取得し，卒業と同時にそれを喪失する．

ライフコース研究の中核をなすライフコース調査では，人びとの出生から調査時までのライフイベントの経験をたずねていくことになる．

表 3-1　人生史データのタイプ

1．イベント・ヒストリィ
　（a）過去の出来事：領域を特定した出来事，タイミング，持続期間，配列
　　　　事例：居住，結婚，出産，就労，職種，就学の歴史
　（b）現在の地位：領域を特定した現在の地位，右辺を打ち切られた持続時間
　　　　事例：現在の居所，婚姻上の地位，既往出生児数，就労，職種，通学
　（c）将来の期待
　　　　事例：出産の意向，居住あるいは職種変更の期待

2．経験の累積
　（a）過去の経験
　　　　事例：親としての地位，就学，就労経験，達成，技能，過去の関心，過去の態度，価値など
　（b）現在の経験
　　　　事例：就学，仕事，能力，技能，関心，態度，価値
　（c）将来の経験への期待
　　　　事例：職業キャリアや人生計画における長期展望

3．出来事や経験の評価／解釈
　（a）過去の評価
　　　　事例：変化の方向を定義するため現在の条件と比較しながら過去の環境を評価すること
　（b）現在の評価
　　　　事例：所得，職種や結婚の満足度，生活の質の評価
　（c）将来に期待される出来事や経験の評価
　　　　事例：過去と現在の比較による将来の評価，楽天性，および計画の有効性についての信念

出所）エルダー＆ジール（2004）p.191 より転載

家族という観点からいえば，生まれおちて子役割を得るのは，出生家族（family of orientation）のなかであり，結婚して配偶者役割を得るのは，結婚家族（family of procreation）においてということになる．

表3-1には，考慮されるべきライフイベントを示しておいた．

③ 年齢

そして，このライフイベントをどの時点で経験したかということについては，年齢で測定する．もちろん暦年齢，すなわち生まれてからの経過時間を用いる．ただし，年未満の月等は切り上げられる場合が多い．誕生月に影響されないためである．

④ コーホート

コーホートとは，ある社会において人生上の出来事を一定期間内に経験した人びとの統計上の集団である．人口学でいうように同時出生集団というのは，不正確である．出生コーホート，結婚コーホート，就職コーホートなどが設定できる．

⑤ タイミング

エルダーのライフコースの定義のなかにあるタイミングとは，実際，ライフイベントを「いつ（何歳で）」経験したかということである．持続期間とは，特定の状態がどれだけ長く持続するかであり，間隔とはライフイベント間の時間差，および順序とは，文字通りライフイベントの生起する順序である．これらは，ライフコース調査の分析用具として使用される．

ライフコース研究の基本仮定

さて，1990年に日本において数少ないライフコースのプロジェクトを組んでいた正岡寛司は，以下のような基本仮定に立脚していた（正岡ほか編，1990）．その後，さまざまな提示はあったが，これが原点であり，読者にとってもっともわかりやすく受け入れやすいと思われるので引用して紹介しておく．

（1） 人びとの人生を観察可能な出来事の生活史とみなす．

　ライフコース研究のもっとも大切な考察のひとつは人びとの人生はライフイベントのタイミングと配列において独自に形成されていくということである．ここでのタイミングや配列の強調は，人びとの人生に対する社会史の影響と，就学，就労，戦時動員，家族，資産，健康などの個人の人生軌道のいくつかの道筋との相互連関を示している．

（2） 人びとの人生には加齢（aging）による変化がみられる．

　年齢にはさまざまあるが，人びとは，歴年齢による変化の経験をするということである．加齢にともなう肉体的変化には，普遍性，不可逆性，縮小性，有害性を伴うといわれる．

　また，加齢とともに，否定的な変化の意識が芽生えるとされる．それは，以下の4項目である．

　① 体力の衰え

　　　上記の有害性とも関連して，衰えだけを強調しているように思われがちだが肉体的には20歳を境に衰えがみられる．生涯発達心理学では，肉体の衰えは，知識や人格の成熟によって克服できるとしている．

　② 時間的展望の狭まりと逆転

　　　これは，すなわち，生きてきた長さとこれから生きると予想される時間の長さの比較の問題である．とくに，男性に起こりやすい中年期の危機というのは，好むと好まざるとにかかわらず自己の人生全体がみえてしまうことに起因する．

　③ 生産性における限界感の認識

　　　さらに功利主義的にいえば，己の到達点がみえてしまうので，一抹の寂寥感があることは確かである．

　④ 老いと死の不安

　　　人生の到達点の先には，終焉がある．個人の人生行路という点からいえば，死の受容はより良い生のためあるいは生活の質のために必要であ

り，これは介護や医療の場面でも同様の作用があるのかもしれない．
　　以上は，加齢に結び付けられた中高齢期のイメージである．
（3）　人びとの人生には個人差がある．
　　生まれたばかりの赤ん坊にも，個体差がみられ，それは加齢とともに加速し，差異が拡大するとされる．
（4）　人びとの人生には時代差がみられる．
　　まさにこのことが，ライフコース研究の醍醐味のひとつをなす．すなわち同じ時代にうまれた同一出生コーホートは，同じ年齢で歴史的事件を経験することとなり，同様の影響を受けることになる．
　　携帯電話のある世代の恋愛行動は，もたなかった世代の恋愛行動とは明らかに異なっている．また，「婚活」は，恋愛結婚が主流になり始めた昭和40年以降の配偶者選択においては，想像だにされなかった解釈である．恋愛行動に打算と駆け引きが付け加えられてしまった．
（5）　人生における人びとの経験は多次元的（生物学的，心理的，相互作用的，社会的，そして歴史的）な要因の影響を受ける．
　　人は，生物学的存在であると同時に心理的生き物である．また，人びとのなかに生きているし，社会構造内に地位を占めている社会的動物である．これらすべてが時間の経過とともに変化し，個々の人生に大きな影響を与える．
（6）　人びとの人生はその生涯を通じて発達的変化を継続する．
　　図3-2をみてほしい．人生の変化モデルが下図のような加齢とともに下がっていくものから，上図のようにだんだん上がっていくものになったのもごく最近のことである．ただし，このように考えない限り生きていく意欲が減退するのも事実であろう．
（7）　同じ時点に生まれ同じ時代に加齢していく人びとは，別の時点に生まれ別の時代において加齢していく人びとに比べて共通な人生経験を重ねがちであり，また，共通なライフコースのパターンを示しがちである．
（8）　人びとの出来事経験の生活史は，ライフコースのパターンとして把握す

例 A

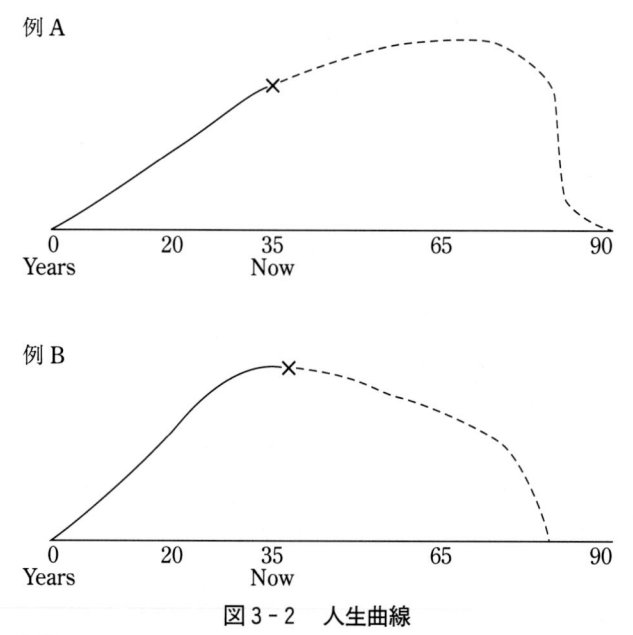

```
0    20    35         65        90
Years      Now
```

例 B

```
0    20    35         65        90
Years      Now
```

図 3-2 人生曲線
出所) Harald Swedner, *On the Need for a Unified Approach to Human Welfare*. 宮本益次（1993）p.46 より転載

ることができる．

（7）から，「ライフコースにおける個人の移行や変化はまったく無定形ではなくある秩序と規則性とが諸個人のライフコースの展開に作用している」（正岡ほか編，1990）．

（9） 人びとの人生はその生涯においていくどかの大きな変化を経験する．

このことは，人びとのライフコースが必ずしも連続性のあるものではなく，のちに転機と呼ばれるような大きな出来事によって分断され，再構築が必要とされるような場合があるとさらに仮定される．

このように，ライフコース研究はいくつかの基本的仮定から出発しており，

ライフコース調査とは切っても切り離せない関係にある．

ライフコースの観察

「観察可能なもの」となったライフコースの観察とは，どのように行なわれるのであろうか？　ライフコースの観察法のひとつがライフコース調査である．

ライフコース調査は，表3-1に挙げたようなイベントのそれぞれの経験の有無とタイミングをたずねていき，ライフヒストリー年表を完成させていく．

たとえば，結婚家族の生成と親なり（第一子を設けること）について観察する場合，一応標準的にこれらのイベントを経験したであろう35歳の人たちに振り返ってもらう方法と大学卒業時点で形成した対象者群を卒業コーホートとして，リアルタイムでその人たちのたどる経歴を記録するのである．前者を遡及法，後者を追跡法という場合がある．

追跡法は，遡及法にくらべ，当事者の記憶によらなくてよい分データの精度において勝るが，調査に投資する費用と人的労働が膨大になるのが難点である．したがって，日本では，なかなか実施されにくいが，「からだ・心・つながりの発達研究」（正岡寛司を中心とする早稲田大学人間研究センター）は，大卒から中年期までの過程を10年間にわたり観察したものの数少ない例である．

ライフコースの構成要素

ジール（Giele, J.Z.）とエルダー（Elder, H.G.）によるライフコースの分析の4要素を紹介しておく．

① 時空間上の位置（文化的背景）

個人とその社会行動は，異なる複数の水準にある社会・物理的文脈とその個人の独自な側面の双方が個人の経験に影響を及ぼす．経験は，時間を組み込みながら，社会的個人的にパターン化される．

② 結びあわされる人生（社会的統合）

社会的行為のすべての水準（文化的，制度的，社会的，心理的，そして社会生

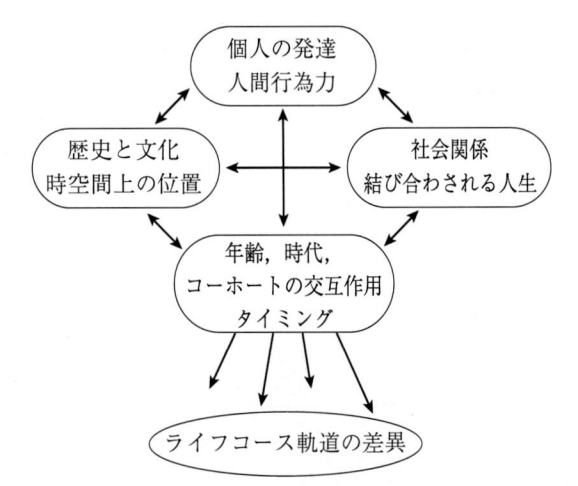

```
        ┌──────────────┐
        │  個人の発達   │
        │  人間行為力   │
        └──────────────┘
   ┌──────────┐    ┌──────────┐
   │ 歴史と文化 │←→│ 社会関係  │
   │時空間上の位置│    │結び合わされる人生│
   └──────────┘    └──────────┘
        ┌──────────────┐
        │ 年齢, 時代,   │
        │コーホートの交互作用│
        │  タイミング   │
        └──────────────┘
              ↓
        ┌──────────────┐
        │ライフコース軌道の差異│
        └──────────────┘
```

図3-3　ライフコース・パラダイムの4つの主要な要素
出所）エルダー&ジール（2004）p.52より転載

物学的）は，ひとつの全体の部分としてのみならず，同じ経験を共有している他の人たちとの接触の結果としてたがいに作用し，また，たがいに影響を与える．

③　人間行動力（個人の目的志向性）

すべての力学的なシステムは時間の流れにおいて継続し，また個人は自らの必要を満たすために，その行動を環境に適応させていく．

④　人生のタイミング（戦略的適応）

ライフイベントのタイミングは，個人もしくは集合体の目標を達成させるための受動的また能動的な適応と理解できるという．

そして，上記すべての要素がひとつに集まるのは，「タイミングという通風口を通してである」（エルダー&ジール，1998　p.52）．

ライフコースの社会学のために

家族研究とライフコース研究が解決しなくてはならない3つの課題を述べて

おきたい.

　ひとつ目は，年齢規範の弱化とライフコースデータの一見の矛盾である．矛盾と書いてしまったが，要はこうである．たとえば，晩婚化，未婚化が進行し，かつてのように女性の結婚をクリスマスケーキに例えるような風潮はなくなった．このことは，適齢期規範の弱化と考えられ，よくいわれるように「結婚は，人生のなかでいつ起きてもおかしくない現象」として認知されるかのようだ．同様のことは，他のライフイベントについてもいえる．

　しかし，嶋﨑の研究（2008）によると，人生の移行過程には，画一化・規格化する局面もあるという．

　「全国家族調査98」のデータを用いて，若者が「大人になるなりかた」を検証している．結果，男性はどのコーホートにおいても，「学卒→就職→結婚」（学卒と同時に就職し，その後結婚することも含める）という標準的パターンを踏んで大人になっていった．女性は，この比率は年長の女性ほど低く，7割に満たなかったが，戦後成人期への移行を経験したコーホートでは，男性と女性とが，同じように標準的パターンを歩むようになり，男性も女性も94％前後になるという．とくに，近年は，学校を終えるとほとんど同時に就職し，その後に結婚するというように画一的に大人になってゆくのだという．

　そうすると，新たな疑問がわいてくる．成人期への移行は年齢に関係なく，順序だけがまもられるのか？　そうではないのか？　これは20世紀から問い続けられている．

　2つ目は，ライフコースの社会学が，20世紀に入り新しく導入された視点である比較的新しい視点であることと関連している．遡及法をとることの限界から高齢期のライフコース研究がまだ明確な知見を得ていないこと，また，遡及法自体に事実上内包される記憶違い，虚偽，忘却などから，データの信頼性を上げるための方策が必要である．

　それはさておき，高齢期のリアルタイムの観察にも困難が伴う．それは，高齢者の生活自体の不安定さ，認知症の問題等が付きまとうからである．

さらに，高齢期という人生段階自体が，20世紀に新しく現れた人生段階であり，たとえば，人口のうちかなりの割合の人たちが80歳代，90歳代の人生を送ることになったのは，前世紀後半のわずか20～30年のことである．
　そこで，世界の最高齢国であるわが国では，人びとがライフコースの新局面を生きることはもちろん，人類という枠のなかでも，人びとが人生のこの段階を生きることは歴史上初の経験である．そこで，人びとは集団で恐る恐る慎重に歩んでいかざるをえない．私たちはこの老いと死の経験をよりよく生きる術を身につける必要がある．
　また，ひとり暮らし高齢者や高齢者世帯の子とその家族は，多くが中年期を送っているはずであるが，その人生行路のなかに，確実に「老親の扶養と介護」という課題が組み込まれざるを得ないのである．このことは，第12章で，家族の介護規範を批判していることと矛盾してはいない．つまり，急速な高齢化にまさに手をこまねいている政府を利することになる犠牲的介護は受け入れられないということである．真に合理的なやり方でこの問題に取り組めない官僚政治体制の餌食になってはならない．

🔹 家族とライフコースの新たな視点

　ライフコース研究では，どうやって家族を観るのか？　ライフコースにおける3つの時間のひとつに家族時間がある．すなわち，一定の歴史時間のなかに生きる個人は時間の経過とともに家族内での位置と役割をも変えていく．
　たとえば，前著『新世紀の家族さがし』内の「家族とライフコースの変化」（安藤，2007）の焦点のひとつは，家族の家族員のライフコースへの影響ないし，それへの統制であった．しかし，それは20世紀の家族にいえることなのかもしれない．すなわち，平均寿命の伸びによる個々人の人生時間の長期化と家族規模の縮小により家族とライフコースに関する新しい課題が数限りなく生じてきている．これが3点目である．
　ここでは，その新しい課題を何点か指摘しておきたい．家族が小規模化する

と，強制力を行使すべき家族の代表者はひとりとなる．したがって，この文脈で家族を定義するなら，「2人以上の成員のライフプランとその軌跡の交差」とすることができよう．

たとえば，すべての子どもの就職は，親が60歳になる前に，正確には，年金生活者になる前に完了していてほしい出来事である．昨今の子どもは，就職してからも親元にいついたり，頻繁に親を訪問したりして親のすねをかじるらしく，これをある研究者たちは「パラサイト」（山田昌弘）と呼んだ．

また，「2人家族」の場合，お互いのライフプランが直接的に衝突する場合がある．共働きの夫婦において，一方が海外赴任あるいは地方転勤のオファーを受けた場合どのように夫婦はその状況に対応していくのか？　一方の家族員の，起業，転職，リストラ退職，派遣切り退職，再就職のタイミングや方法をもうひとりのパートナーないし家族員はどう支持していくのか？　家族の「2人化」によって，改めて結婚家族の成員個々のライフコースにおけるキャリアが逆照射されたといってよいかもしれない．

それぞれの個人のライフニーズに焦点を当てた時間使用や資源動員をどのようにきめ細かく行ない，個々の「幸福」あるいは質の高い生活の設計法を確立できるのか？　支えとなるべき家族員はいない．ここで想起されることは，森岡が記した1980年の「家族とライフコースに関する日米比較研究」会議報告である．そこには「ライフコースが前提する家族は，近親者のダイアド複合であって集団性が稀薄であり…」という記述がある．森岡は，ライフコース研究における家族のとらえ方を30年前に看破していた．

ライフプランとライフコース

ライフコース研究においての家族の位置づけをさらに明らかにしていくには，ライフイベント経験を選択する際の基になるべき人びとの「家族観」にどのような変化が生じているのかを明らかにしなくてはならない．家族観が人びとの行動やライフコースに直截に反映されるか否かは議論のあるところだが，意識

表3-2 結婚・家族に関する意識の構成比（第13回調査）

結婚・家族に関する考え方	【男性】賛成	【男性】反対	【女性】賛成	【女性】反対
① 生涯を独身で過ごすというのは，望ましい生き方ではない	64.0%	30.3	56.0%	39.7
② 男女が一緒に暮らすなら結婚すべきである	73.9	20.5	62.9	32.7
③ 結婚前の男女でも愛情があるなら性交渉をもってかまわない	83.7	10.3	82.1	13.2
④ どんな社会においても，女らしさや男らしさはある程度必要だ	85.6	8.9	84.4	11.5
⑤ 結婚しても，人生には結婚相手や家族とは別の自分だけの目標をもつべきである	80.2	13.7	84.9	10.6
⑥ 結婚したら，家庭のためには自分の個性や生き方を半分犠牲にするのは当然だ	56.7	37.5	40.1	55.4
⑦ 結婚後は，夫は外で働き，妻は家庭を守るべきだ	36.2	58.1	28.7	66.9
⑧ 結婚したら，子どもはもつべきだ	78.9	15.0	68.9	26.2
⑨ 少なくとも子どもが小さいうちは，母親は仕事をもたず家にいるのが望ましい	75.9	18.6	77.8	18.2
⑩ いったん結婚したら，性格の不一致くらいで別れるべきではない	69.0	25.3	58.3	37.1

注）対象は18～34歳未婚者．標本数は①～⑩すべて男性3,139件，女性3,064件．④は第13回調査で新規に追加．
出所）厚生労働省国立社会保障・人口問題研究所「第13回出生動向基本調査（結婚と出産に関する意識）第2報告書　平成17年　わが国独身層の結婚観と家族観」2007年3月
http://www.ipss.go.jp/ps-doukou/j/doukou13_s/doukou13_s.asp

にないものは生じないのも事実であろう．

　そこで，未婚者の結婚・家族に対する意識をみてみよう．第13回出生動向基本調査によれば，全般に独身でいることを肯定する意識がゆらぎ，家族・結婚を支持する意識に復調がみられる．①生涯独身はよくない，②同棲するなら結婚すべき，⑥結婚に犠牲は当然，⑧子どもはもつべき，⑩離婚は避けるべき，などで支持が増えている．しかし，⑦夫は仕事，妻は家庭，と考える人は継続的に減少しており，⑤結婚後も自己目標をもつべき，は継続的に増加

している．概して，男性の方が女性に比べて伝統的な家族のあり方に対して肯定的な傾向がみられる（表3-2）．

　少し主題からそれるが，女性も男性も，「結婚しても，人生には結婚相手や家族とは別の自分だけの目標をもつべきである」と考えている（女性の84.9％，男性の80.2％が賛成）．「結婚したら，家庭のためには自分の個性や生き方を犠牲にするのは当然だ」という考えには，女性の賛成と反対が40.1％対55.4％あったのに対し，逆に男性の同回答は，56.7％対37.5％であった．この逆転の意味するところは興味深い．

　家族とライフコースに関しての意識と志向が，人びとの人生の軌跡を創出するのであり，さまざまな外部状況と偶発的事件がそれに影響を与えるといえよう．そうだとすると，一隅に，生涯独身でボランティア活動に生活の中心価値を置き，異国の地で生涯を終えたいとしている人たちがいる．あるいは性同一性障害に悩み，若いうちに性転換をし，同性と生活をともにして子どもをもちたいと思っている人たちもいる．この一見特異に思われる人生はどれほど社会で許容され，歴史のなかの人びとのライフコースとして組み込まれてゆくのであろうか？　興味は尽きない．

参考文献

安藤由美（2007）「家族とライフコースの変化」増子勝義編『新版　新世紀の家族さがし』学文社

エルダー, G. H., ジール, J. Z.（正岡寛司・藤見純子訳）（2003）『ライフコース研究の方法』明石書店

正岡寛司ほか編（1990）『昭和期を生きた人びと―ライフコースのコーホート分析』早稲田大学

宮本益次編著（1993）『高齢化と家族の社会学』文化書房博文社

森岡清美（1982）「研究動向　親子孫3世代家族か，ライフコースか」『家族研究年報』No.8　家族問題研究会

嶋﨑尚子（2008）『ライフコースの社会学』（早稲田社会学ブックレット［社会学のポテンシャル2］）学文社

第4章　現代家族とストレス

「精神障害」とは何か？
──診断基準の呈示とマニュアル化──

アメリカ精神医学会『精神障害の診断と統計の手引き』（Diagnostic and Statistical Manual of Mental Disorders, DSM）の日本語版表紙（髙橋三郎・大野裕訳・染矢俊幸訳（2003）『DSM-IV-TR 精神疾患の診断・統計マニュアル』医学書院）．

世界保健機関（WHO）作成の「疾病および関連保健問題の国際統計分類第10改訂版（IDC-10）」・第Ⅴ章「精神および行動の障害」中の「臨床記述と診断ガイドライン」の日本語版表紙（融道男・中根允文・小見山実・岡崎祐士・大久保善朗監訳（2005）『ICD-10 精神および行動の障害──臨床記述と診断ガイドライン』医学書院）．

⚲ キーターム

ストレス（stress）　「個人の資源に負担をかけ，あるいは，その限度をこえるもの，そして，個人の安寧を危うくするもの」として，個人によって主観的に評価される「人間と環境との間の特定な関係」（Lazarus, R.S. & Folkman, S., 1984, *Stress, Appraisal, and Coping*, Springer.）．
対処（coping）　個人がストレス状況を改善するために行なう行動のこと．
資源（resources）　個人が行なう対処のために動員される手段のこと．その種類は，能力や技能，知識・情報，物財など幅広い．また，個人資源とか，家族内資源または家族外資源などというように，その所在（どこにあるのか）によって分類する場合もある．

〈家族〉に対する期待

　社会情勢の大きな動揺と変化は，人びとの生活に影響を及ぼすとともに，人びとの不安を増幅する．アイデンティティが浮遊する時代であるともいう．曖昧で不確かな時代は，人びとの社会生活をよりいっそうストレスに満ちたものにしているのである．能力主義・業績主義・効率性などに第一義的な価値をおき続ける現代社会は，人びとに激しい競争を強い，ストレスを与えている．とりわけ，今日では，経済不況を背景とした，企業の倒産やリストラ，終身雇用制や年功序列などの労働慣行の見直し，非正規雇用の拡大などといった雇用の流動化も進んでいる．このように，ストレスに満ちた様相を一層強めている現状において，依然として，ストレスとは縁遠い，例外的な場所として，少なからぬ人びとによって，期待されている空間がある．それは，〈家族〉である．

　統計数理研究所「日本人の国民性調査」によれば，「一番大切なものは何か」との問いに対し「家族」とした人の割合は，1950年代末には約1割程度であったが，1970年代以降増加に転じ，2003年には約5割近くとなっているのである．また，2006年「国民生活に関する世論調査」（内閣府）によれば，家庭にもっとも求める役割として「家族団らんの場」が66.5％ともっとも多く，ついで「休息・やすらぎの場」61.5％，「家族の絆を強める場」54.9％が多いのである．このように多くの人びとにとって，家族は，〈大切な場〉であり〈やすらぎの場〉としてみなされているのである（図4-1，図4-2）．

　しかし，結婚し子どもをつくり，家族生活を営むことで，個人にとって，〈家族〉は，自動的に「やすらぎの場」となり，そうあり続けるといえるのだろうか．なぜなら，今日，「家族＝やすらぎの場」という図式にそぐわないであろう事態を，私たちは，簡単に列挙することができるからである．夫婦であることに苦痛を感じつつも夫婦し続ける家庭内離婚．離婚率は，欧米諸国に比べ依然低いものの，増加傾向を示している．育児に悩み苦しむ親たち．介護に疲れはてた家族など，である．私たちは，これらの事態を，あくまでも，個々の家族の「個別の問題」なのであり，その家族が本来の家族のあるべき姿から

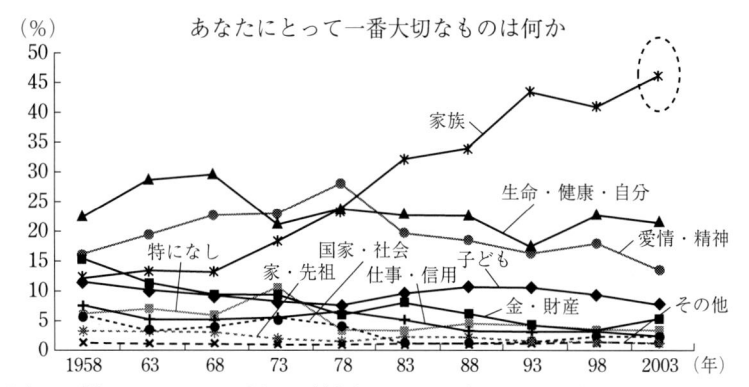

あなたにとって一番大切なものは何か

注) 1.「あなたにとって一番大切と思うものはなんですか．一つだけ挙げてください．」との問に対し自由記入してもらった回答を分類したもの．
2. 回答者は，20歳以上80歳未満の有権者．

図4-1　家族が一番大切と思う人は増加している

出所) 統計数理研究所「国民性の研究全国調査」により作成

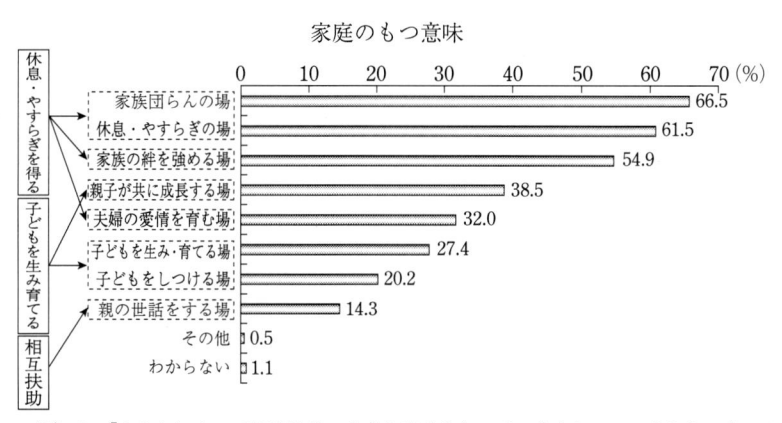

家庭のもつ意味

区分	項目	割合(%)
休息・やすらぎを得る	家族団らんの場	66.5
休息・やすらぎを得る	休息・やすらぎの場	61.5
休息・やすらぎを得る	家族の絆を強める場	54.9
子どもを生み育てる	親子が共に成長する場	38.5
子どもを生み育てる	夫婦の愛情を育む場	32.0
子どもを生み育てる	子どもを生み・育てる場	27.4
子どもを生み育てる	子どもをしつける場	20.2
相互扶助	親の世話をする場	14.3
	その他	0.5
	わからない	1.1

注) 1.「あなたにとって家庭はどのような意味をもっていますか．この中からいくつでも挙げてください．」という問に対する回答の割合．
2. 回答者は，全国の20歳以上の男女5,941人（無回答を除く）．

図4-2　家族には精神的なやすらぎを求める人が多い

出所) 内閣府「国民生活に関する世論調査」(2006年) により作成

逸脱しているために生じた「問題」だと看過することができるだろうか．むしろ，私たちが安らぎの場であると信じてきた〈家族〉のあり方そのものも，不問の前提にしてしまうのではなく，再検討する必要があるのではなかろうか．

「家族とは何か」．この問いに対する答えをみつけることは難しい．社会によって，そして，同一の社会であってもその様相は時代，地域，階層などにより異なるからである．しかも，今日，社会システムや個人の志向性などの変化を背景にして，家族は大きな変化のなかにあり，明確な定義をあたえることは一層難しくなっているのである．本章では，このような状況下にある家族をとらえるための基本的な視角としてストレスに着目する．

家族の多様化と家族研究

「一定の家族像を前提に家族を研究すること」—とりわけ構造機能主義的接近—への疑問は，すでに確信の段階にあるのであり，現実の「家族」が多様化しているとの認識や，いわゆる「言語論的転回」以降の学的動向を背景として，「個人」「意味」「解釈」「相互作用」などに着目する研究の隆盛を認めることができる．「家族問題」研究も，当然のことながら，すでに新しい局面にある．戦後から1970年代くらいまでは，「近似的等式として，『非標準的家族＝問題家族』が成り立っていた」．当時主流をしめていた社会学理論である構造機能主義の影響などを背景（山田，2000）に，一定の家族像（＝近代家族）からの逸脱に原因を見いだすという視角は，「家族問題」に対するアプローチとして採用され続けてきたものであった．しかしながら，この視角は，一定の家族像を前提とするものであり，「標準となる家族には問題はない」という前提にたち，また，その記述は，逸脱の有無，という静態的な記述にとどまるきらいもあった．

今日，一定の家族モデル（＝近代家族）からの逸脱に「家族問題」の原因を見出すのではなく，一見してネガティブにみえる現象が「家族」という場で生じているようにみえるが，それは，従来支配的であった家族モデルが社会の構

造変動や個人が志向する家族的関係と合わなくなってきたことに伴って表面化した徴候であるとするパースペクティブへと，その視角は移行しているのである（山根，2000）．

簡単ではあるが，日本で展開された議論にふれておこう．ファミリーアイデンティティ（FI：family identity）―「何を家族と同定（identify）するかという『境界の定義』」―に注目し，「家族」を営む個人の認識から「家族」に接近したファミリーアイデンティティ論（上野，1994）は，ボスの「家族境界の曖昧性」をめぐる議論（Boss, 1999＝2005）とほぼ同様の議論を展開しているといえる．今日，このような研究を先駆けとした，「家族とは何か」をダイレクトに問う構築主義的家族研究などが盛んに行なわれている現状にあるといえる（田淵，2000）．その他，「一定の家族」を前提としない議論としては，安達（1999）や藤崎（1998）らの，高齢者を「個」としてとらえようとする議論を取り上げることができる．これまで，「家族」との関係においてのみ主題化されることが多かった高齢者を，「個」としてとらえることで，高齢者を「家族」に限定されない社会関係との関わりにおいて論じることを可能としている．

また，個人レベルのストレスへの社会学的営為（稲葉，1995；南山，1997）も，こうした近年の研究動向の内にあるものとして認めることができる．この議論では，特定の「個人」を通じて「家族」という関係を照射し，夫婦関係，親子関係，被介護者―介護者関係などダイアド関係（2者関係）に焦点をあてることが多い．「ストレス（stress）」は，制度・文化などの抑圧的・拘束的側面を抽出するための概念として位置づけられており，「家族」という場において営まれる相互関係が個人にストレスをもたらすこともあるとの前提に立つ．よって，この立場からの「家族」への接近では，「家族＝やすらぎの場」という図式を無条件に前提とせず，「家族」関係が，個人にとってストレス生成装置とも成りうるという理解にたっており，研究の射程は，いわゆる「問題家族」として括られてきたような「家族」に限定されておらず，「一般家族」へと広がっているのである．

🖉 「ストレス」への社会学的接近

　では，ここで，ストレス研究について，簡単に触れておこう．一般的に「ストレス」という言葉を使う場合，悩み，不安，緊張など特定の心理的状態をさして用いることもあれば，そのような状態を生じさせている原因をさしている場合もある．たとえば，「仕事が忙しくてストレスがたまっている」ということもあれば「仕事のストレスで，最近，精神的に不安定だ」という具合にである．いずれにせよ，「ストレス」が，人びとにとって好ましくない，できれば避けたいこととして語られている点は共通している．たしかに，医学・生理学などの研究によって，過度のストレス経験が，各様の疾患の引き金となることがわかっている．こうした認識は，マスメディアを通じて社会一般に広く普及しており，このことが，近年の，「癒し」「リラクゼーション」ブームの隆盛にも，一役買っているのではないか．

　社会学におけるストレス研究でも，「ストレス」という言葉の用法に若干違いがみられるが，近年，社会心理学研究での成果を取り入れながら，広く支持されている用法として次のものがある．抑うつ・不安・身体的症候など，個人によって主観的に経験される不快な状態を「ディストレス（distress）」，ディストレスを引き起こす可能性がある刺激要因を「ストレッサー（stressor）」あるいは「ストレス源」と呼び区分する．そして，ストレッサーが，ディストレスを生じさせている場合，ストレッサーに位置づけられた環境的要因と個人との関係を，「ストレス（stress）」とするものである．この場合，ストレスは，原因でも結果でもなく，「個人の資源に負担をかけ，あるいは，その限度をこえるもの，そして，個人の安寧を危うくするもの」として，個人によって主観的に評価される「人間と環境との間の特定な関係」を示す関係概念なのである（図4-3）（Lazarus & Folkman, 1984）．

　なお，ストレッサーには，次のようなものがある．まず，突発的に生じる急性的なストレッサーであるライフイベント（life events：生活上の出来事）が挙げられる．ホームズとレイの社会生活再適応尺度が有名であるが，近親者との

```
ストレッサー ──→ ディストレス
 (stressor)       (distress)
ライフイベントやストレーン   抑うつ・不安・身体的症候など
 などの刺激要因         主観的に経験される不快な状態
           ストレス
           (stress)
      ストレッサーがディストレスを
       引き起こしている関係
```

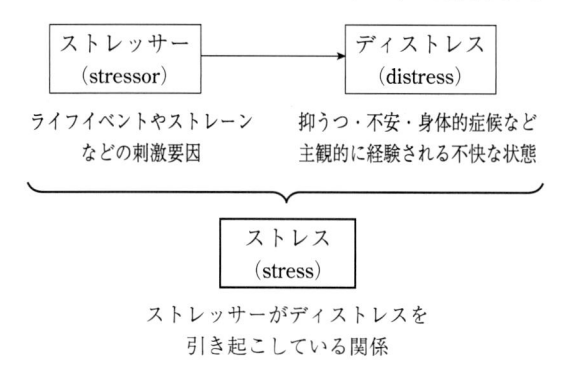

図 4-3　個人と環境との「関係性」としてのストレス

死別など，より衝撃の強い出来事を経験した場合ほど，ストレスは高いと考えられ，複数の出来事が度重なって生じる場合，それぞれの出来事の個人への衝撃は累積され，より深刻なストレス状況を導くことになるのである．

一方，ライフイベントに比べて，その影響が慢性的で持続性を有するストレッサーとしてストレーン（strain）が挙げられる．ライフイベントのような日常生活を大きく変化させてしまうような出来事でなくとも，日常生活において，個人が特定の状態に置かれ続けることも，十分，ストレス状況を生起させるストレッサーと成りうるのである（図 4-4）．パーリンは，個人の日常生活が，社会的役割によって構造化されているという立場から，ストレーンを役割ストレーンとしてとらえ検討している．役割ストレーンには，次のようなものがある．個人が担っている複数の役割間の調整・両立が困難な状況である役割葛藤（role conflict）で，たとえば仕事と家事の両立に困る場合などがあてはまる．そして，個人に対し期待され課せられている役割内容が個人の能力をこえてしまっている役割過重（role overload）．介護の大変さに疲れ果ててしまうなどの例が挙げられる．そして，個人がある役割の不本意な担い手となっており，役割を放棄したくとも放棄しにくい状況にある役割拘束（role captivity）．本当は，仕事にでたいが，育児・家事に専念しなければならない専業主婦の場合

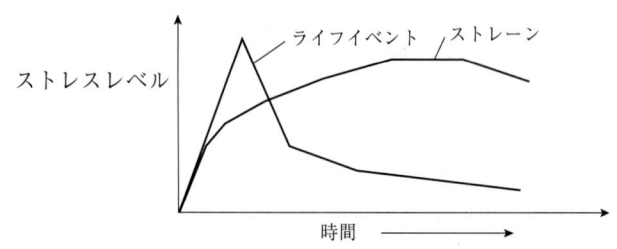

図 4-4　ライフイベントと慢性的ストレーンの効果の違い
出所）Kaplan, H.B.（1996）*Psychosocial Stress-Perspectives on Structure, Theory, Life-Course, and Methods*, Academic Press, p.45. をもとに一部手を加え作成

は，この役割ストレーンにあてはまるといえる（Pearlin, 1987）．

　以上，社会学における議論を概観した．社会学では，「ストレス」を，文化・制度の抑圧的・拘束的な側面を抽出しうる概念としてとらえている．つまり，ストレスの社会学は，ストレス生成のメカニズムに焦点をあてることで，地域社会，学校，職場……などのさまざまな場や，そのような場などでとり行なわれる社会関係などが，いかなる場合に，個人にとって抑圧的・拘束的なものとして立ち現れるのかを，検討しようとするものである．〈家族〉という場も例外ではない．ストレス研究では，「家族＝やすらぎの場」という図式を無条件に受け入れてしまうのではなく，〈家族〉は，個人にとってストレスの源泉ともなりうることもあるという前提にたっている．人びとが「やすらぎの場」として願って止まない〈家族〉には，そもそも，ストレス状況を生起させやすい構造が備わっているのであり，時として，しかもたやすく，個人の安寧を脅かすストレッサーに反転しうることもあるともいえるのである．

ストレス生成装置としての〈近代家族〉

　一般的な〈家族〉の姿として思い浮かべられやすいのは，夫婦とその子どもを中心とし，愛情をその結合の基盤におき，夫が稼ぎ，妻が家事・育児を行なうというものではないだろうか．しかし，このようなあり方を示す〈家族〉の

歴史は，案外浅く，あくまでも時代の産物であり，普遍的なものではないのである．日本の場合，このような家族のあり方が，より社会に広範に普及したのは，1960年代以降の高度経済成長期である．産業構造は，農業などの第一次産業にかわって，第二次産業・第三次産業中心へと転換し，多くの雇用労働者がうまれた．人びとが，農村から，都市へ就業の場を求めたことにより，都市への人口集中が進展する．そして，ホワイトカラー層の増大や男性の賃金上昇を背景に，夫ひとりの賃金で暮らし，妻が家事・育児を専門に行なう家族のあり方が，都市を中心としながら，広く一般化したのである．しかも，ちょうど，恋愛結婚の数が，見合い結婚を上回ったのもこのころだ．このような様相をもつ家族を，社会学では〈近代家族〉と呼んでいる．〈近代家族〉というと，まさに「近代的」で「理想的」と思うかもしれないが，そうではなく，近代化に対応しながら，近代社会に出現したという限りにおいて，こう呼んでいるのである．

さて，こうした経緯のもとに社会一般に普及した，〈家族〉も，残念ながら，けっしてストレスと無縁ではなく，ストレスを生起させる構造が，すでにビルトインされていたといっても過言ではないだろう．では，なぜ，〈家族〉という場が，ストレスの源泉となる可能性があるのか，いくつかの議論を参照しながら考えてみよう（落合，1997）．

近代家族的な役割関係では，夫は，家事・育児などの家族責任を，妻に完全に任せ，稼得役割に専念し，主として企業社会（職業領域）に依拠しながら，自らのアイデンティティを見い出すこととなる．会社で出世し，高い給料を得る．このことは，男たち自身の自己実現の方法であると同時に，夫・父親としての役目を果たすことでもある．一方，妻は，家事・育児などを専門的に担い，夫や子どもなどの他の家族メンバーの世話を行なうことに自らのアイデンティティの基盤をおくことになる．しかも，要田が，日本型「近代家族」と，あえて，日本型といっているように，西欧とは異なり，日本の場合，親子などにおける協議と選択を媒介としつつも，老親の介護が家族に期待されており（要田，

1994），介護は，現状では，いまだ女性の仕事とされる傾向が残っているのである．近年，老親扶養に対する意識が弱まっているが，育児の場合と同様に，戦後の社会福祉・社会保障制度が，〈家族〉という私的解決を優先し，それがうまく機能しない時に初めて作動するような，「残金的福祉モデル」としての性格を強くもち続けてきたのであり，そのようななかでは，家族，とくに女性が担ってきた責務は重いものであったといえるだろう．

ここまでを簡単にまとめてみよう．夫・父親は，仕事のために家族と過ごす時間があまりとれなくとも，それは家族のために働いているからであり，仕方のないことなのだ．必然的に，夫・父親は，家庭との間に距離が生じやすいのである．家族の世話を一手に引き受ける妻にとって，子どもの成長や進学・就職，夫の出世は，妻自身の喜びでもある．時として，このことが，自らが担い遂行している日々の家族責任の成果と同義となってしまい，さらに，彼女たちを，より良き妻・より良き母として，家事・育児などに過剰に自己投入させていくことにもなるのだ．さらに，地域や親族関係から孤立化し，完結した閉じた空間となりやすい現代の家族の様相も加味され，その責務はさらに加重される．すなわち，とりわけ，妻・母親にとっては，たやすくストレスを被りやすい構造が，家族には潜んでいるのである．また，このような父親不在ともいえる状況では，母親と子どもの関係は濃密なものとなりやすく，夫・父親にとって，家庭には居場所がない，という事態も生じやすい．そうなってしまえば，夫・父親にとっても，もはや〈家族〉は，仕事の疲れやストレスを癒してくれる，やすらぎの場と呼べるようなものではないのだ．

さらに，やっかいなことは，近代家族の結合原理をなす「愛情」の存在である．働き収入を得ること，家庭内に関わる家事・育児・介護など，〈家族〉という場に関わりなされる，もろもろの行為は，「愛情」に関連づけられて，解釈され統制される．子育てについていえば，とりわけ子どもが小さいうちは，子どもの健全な発育にとって母親の愛情が必要とする，「3歳児神話」の社会的な浸透により，子育ては母親がなすべき仕事と位置づけられてしまう．「愛

情」、そして「母性愛」にしろ、この言葉が、人びとのたちふるまいの裏づけになってしまったことは、きわめてやっかいなのだ。なぜならば、「愛情」や「母性愛」は、容易には否定できないものであり、その人の存在評価にも結びついてしまうものだからだ（山田，1994）。

女たちは、家事や育児、介護などに、十分すぎるほど、熱心に取り組まねばならない。男たちもそうだ。寸暇を惜しんで、仕事をしなければならない。なぜなら、それは家族のためであり、「愛情」の証であり、もし、そうしなければ、愛情のない人であり、ひいては、その人間性すら疑われてしまうことにもなりかねないからである。近代家族の根幹をなしてきた性別役割分業体制が、「愛情」という根拠を基盤においてしまったことにより、〈家族〉を営む人も、自らが担う役割を否定することもむずかしく、また、社会もそうすることを容認しにくい状況を生み出してしまったのである。すなわち、先に述べたように、〈家族〉は、やすらぎの場から自ら遠のいてしまい、ストレスを生み出してしまう仕組みをもっているともいえるが、何人にも、簡単には否定しにくい「愛情」が、そうした仕組みを支える根拠となっているということなのである。

✐　ストレス生成の諸相―曖昧な喪失―

それでは、現代家族をめぐるストレス生成の諸相を具体的にみてみよう。ここでは、認知症や慢性精神病などの「病い」の体験を「曖昧な喪失」という概念を用いとらえなおしているポーリン・ボスの研究に準拠することとしたい。彼女は、「家族」「恋人」など、一般に「親密」であるとされる関係において経験される喪失のうち、「曖昧」な喪失体験に焦点をあて、自らの質的調査研究やセラピストとしての実践経験をふまえながら議論している（Boss, 1999＝2005）。

「曖昧な喪失」とは、家族システムにおいて、家族成員の身体的あるいは心理的な存在／不在に関する曖昧性がある状況を示しており、こうした「曖昧な喪失」状況についての家族の意味づけを「家族境界の曖昧性」と呼んでいる。

「曖昧な喪失」には，①身体的には不在であるが心理的に存在していると認知されることにより経験される喪失，②身体的に存在しているが，心理的に不在であると認知されることにより経験される喪失，の2つの類型がある（表4-1）。

前者の具体例としては，行方不明兵士と誘拐された子どもたち，自然災害時における行方不明者，人質・拘禁，移民，養子縁組，離婚，転勤などが，後者の具体例としては，アルツハイマー病やその他の認知症，慢性精神病，脳挫傷，脳梗塞，アディクションなどが考えられる．

留意が必要なのは，列挙された諸事例をみてもわかるように，いずれのタイプの喪失も，「予期しない破局的な状況」だけではなく，より，日常の「ありふれた」状況において生じうるものも含まれているのである．たとえば，夫の仕事への過度のコミットメントによって生じる心理的不在なども具体例として取り上げられているのである（Boss, 2002）．

曖昧な喪失がもたらす過程

では，「曖昧な喪失」経験はどのようなものなのだろうか．詳しくみてみよ

表4-1　曖昧な喪失の2類型

類型	焦点となる〈他者〉の位置	具体例
①身体的不在／心理的存在	（眼前に）身体は存在していないが心理的には存在	行方不明兵士と誘拐された子どもたち，自然災害時における行方不明者，人質・拘禁，移民，養子縁組，離婚，転勤など
②身体的存在／心理的不在	身体的には存在しているが心理的には喪失	アルツハイマー病やその他の認知症，慢性精神病，脳挫傷，脳梗塞，アディクションなど

出所）Boss（1999＝2005）の議論を集約・整理

う.「曖昧な喪失」は「親密」な関係にある人が,失われたのかどうかが不明確なため,「明確な喪失」とは違い,喪失を経験している人びとにディストレスを生じさせるのだという.もっとも「明確な喪失」とは,死であり,遺体の存在あるいは,死亡証明書,葬式,埋葬の儀式,埋葬および灰の散布など成文化されたイベントを通じて,人びと,コミュニティによって,確かに「失われた」と明確に承認されるのだとしている.そして,多くの人びとが「永遠の喪失」が生起したことを認め,哀悼を始めることに同意するのである(Boss, 1999).

それに対して,「曖昧な喪失」は,その経験に対する象徴的儀式もなく,人びとやコミュニティの承認も得られることはないのであって,人びとは哀悼の過程を始めることができないのである.明らかに「明確な喪失」とは異なる何かに対応することを迫られるのである.しかし,次のような点に留意が必要である.

ボスは,フロイトの,「哀悼と憂うつ」(1917)に言及する.彼女によれば,フロイトは,ノーマルなグリービング(悲嘆)において,最愛の物体(人)との関係を手放し,そして,やがて,新しい関係に移行することが,回復のゴールであり,困難な過程ではあるが,それは,終わることが意図されているプロセスであるという.そして,「精神」が「健全」であるならば,このようなプロセスを比較的早期に達成することが期待されているとしている.しかし,曖昧な喪失においては,フロイトのいう「病的な憂うつ」,今日のセラピストがいう「複雑なグリービング」といった過程を経なければならないことは,極めて「標準的な反応」であり得るのだとする.そして,曖昧な喪失を解決できない原因を,喪失を経験している個人の内的なパーソナリティの問題に帰属すべきではなく,外的な状況,すなわち,不確実性と喪失の曖昧性に求めるべきだと主張するのである(Boss, 1999=2005).

「曖昧な喪失」を経験する人びとは,「明確な喪失」とは異なる,複雑な哀悼の過程を経なければならないことが指摘された.そして,その過程は,「家族」

「個人」の「病理」ではなく，極めて「標準的」なものであることが示された点に留意すべきである．今少し，「曖昧な喪失」が家族にどのような過程をもたらすのか，検討しておこう．彼女の議論を概略すると以下のような過程を主に列挙することができる（Boss, 1999＝2005, 2002）．

まずひとつ目が，喪失が曖昧であり，「最終的」か「一時的」かが不明確であるために，人びとは，困惑し，身動きできなくなり，どのようにその状態を理解すべきかわからないとともに，問題解決に向かうことができないこと．そして，不確実性が継続する場合，家族は，しばしば，両極的な否定—その人が「完全に不在」であるかのようにふるまう／「変化を全否定」—を行なう傾向にあるということである．次に挙げられるのは，不確実性は，人びとが，「愛する人」との関係における役割と規則を再編成することを通じて，喪失の曖昧性に順応することを阻止するため，カップルあるいは家族関係を従前の役割と規則の元に凍結すること．そして，「家族境界の曖昧性」が持続することで，残された家族にアンビバレントな感情—たとえば「愛情」／「憎悪」—が引き起こされ，このことが，家族のストレスを増幅することである．そして，最後に，「明確な喪失」を支援する象徴的な儀式が与えられることなく，彼らの経験は，周囲のコミュニティによって証明されないままである．それゆえ，彼らが経験し，感じていることについての確証が得られない状況にあるため，それを目撃する人たちは，家族に対し，親切なサポートを与えるというよりはむしろ撤回する傾向があるということである．

それでは，家族は，どのように，「曖昧な喪失」に対処していくのであろうか．曖昧な喪失のそれぞれのタイプについて，事例を紹介しておこう．

身体的不在／心理的存在に起因した「曖昧な喪失」

「私たちは，ちょうど，長い調査票を終え，私が決して忘れることのないであろう物語を彼女が語ったのは，私がまさに帰る準備をしていた時のことであった．……（略）……撃墜されてから，2度，夫が，彼女と話をするた

めに戻って来たと彼女は話した．……（略）……夫が，2回目の訪問のために戻った．今度は，彼らの会話は，寝室で行なわれた．彼は，彼女はよくやったといい，彼女を誇りに思い，彼女を愛しており，そして今さようならをいおうとしているところだと彼女にいったと語った．『これが，私が彼が本当に死んでしまったことがわかった時です』，と，彼女がいった．」（Boss, 1999＝2005）

これは，ベトナム戦争において行方不明となったパイロットの妻にインタビューした際の出来事である．いずれ帰還するか，死亡がたいてい確認される戦争捕虜と異なり，行方不明兵士の場合，その生死は，曖昧なままである．行方不明者の家族は，喪失を証明し，リアルなものとする遺体をみることなしに，喪失，存在／不在に関わる認知を変更しなければならないという挑戦に直面することになる．行方不明兵士の名を MIA（missing in action）として刻むベトナム戦争記念館でさえ，多くの妻たちにとって，決定的な「死の確信」とならないのであり，また，定期的にもたらされた「生存」を連想させる情報は，哀悼の過程を妨げるものとなったのである（Boss, 1999＝2005）．

しかし，この妻は，夫の喪失の曖昧性に対処し，哀悼の完了へとむかった事例として，取り上げられている．最初に夫が彼女のもとを訪れた際，夫は，それまで彼女がしたことがなかった生活上の重大な決定（家の売却と転居，車の買い換え）を行なうよう妻に指示する．妻はその指示に従い，決定し実行する．二度目に訪れた際，夫は，彼女の決定と実行を賞賛し，離別を告げる．ボスは，タマス（W.I. Thomas）の言葉を引用しつつ，「彼女は，この物語は真実であると認知していたので，結果として真実」であり，夫の象徴的存在が彼女に指示を供給し，そのことによって，妻は，新たな役割に順応することを押し進めることができたのだとしている（Boss, 1999＝2005）．すなわち，従前の家族における役割と規則―夫が家長であり生活に関わる重大な決定を行ない，妻はそれに従う―を変更し，新たな役割と規則に順応し，夫が「失われた」ことを認めることができたのである．そして，この順応の過程を押し進めたのが，夫の象

徴的存在による指示と承認であった．

　今ひとつ，事例を紹介しよう．4人の男の子どものうち4歳から6歳にわたる3人の子どもが，日常，よく遊びにでかけた自宅近くの運動場から姿を消してしまったクレイン夫妻の事例である（Boss, 1999＝2005）．

　「1989年11月12日，ミネアポリス『スター・トリビューン』新聞の広告は，私の同僚の目をひきつけた．そして，私の同僚は，私の注意を促すためにそれをもって来てくれたのであった．『ケン，デイビッド，ダン・クレイン．1951年11月10日から行方不明．私たちは，今でも，あなたたちからの便りを待っています……．ママそしてパパ．[通知は2つの電話番号でとじられる．]』私たちは，アポイントメントをとり，そしてこのカップルにインタビューするために，モンティセロ，ミネソタに車を走らせた．そして，彼らは，私たちに，彼らの物語を話した．」（Boss, 1999＝2005）

　この広告は，この夫妻の子どもたちが姿を消してから，40年あまりたってから，出されたものであった．少年たちが姿を消したあと数週間，彼らは「すべてが，すぐに終わるであろう悪夢」であると希望し続けたという．1996年，ミネアポリス「スター・トリビューン」新聞社に，アリゾナのトラックドライバーから電話があった．彼は，自分がクレイン家の行方不明の息子のひとりデイビッドであり，家族メンバーだけが知りうると思われることを話し，翌年，クレイン家へ訪問するであろうといったが，その男性は訪れることはなかった．その時のことを，もうひとりの息子は「わたしたちみんなの希望は，しばらくの間，ふくらみました．しかしわたしたちは，もうこれ以上，夢中になりすぎることはない」と，語ったとある．クレイン夫人は，3人の子どもたちがいなくなった後，生まれてくる子どもとひとり残された子どものことを考えたといった．しかし，消えてしまった子どもたちを，完全に失われたものとしたわけではない．

　ボスは，この事例に，「無意識の否定というよりは，希望に満ちた楽観主義の表出」を見出すという．曖昧な喪失に対し2つの両極的な反応─変化の全否

定，と，愛する人が全くいなくなってしまったかのようにふるまうこと—，が起こりやすい．短期的にみれば，否定は，「潜在的な喪失の過酷な心理的現実からの，一時的な休息を供給」し，「不確実な不在あるいは存在から不可避的に生じるディストレスを減ずる方法」であるとし，その緩衝効果を認めつつも，否定が不明確な喪失に適応するための，創造的な選択肢と選択を阻止する場合，問題だとしている．クレイン家の人びとは，否定の両極性というよりはむしろレジリエンス（回復力）によって，曖昧性とともに生きる方法を見出しているともいえ，喪失は否定しないが，肯定的な結果（子どもが生きていること）への希望も否定しないという，相反する考えを共存させているのである．

身体的存在／心理的不在に起因した「曖昧な喪失」

「ついに，解決策が彼女にうかんだ．彼女は，寝室にいき，ジュエリーボックスの前のドレッサーのところにたち，大きな悲しみを抱きながら，結婚指輪をはずした．彼女は，自分の夫は，もういってしまったのだと結論づけるようになっていた．彼女がケアしているのは，他の誰かであった．彼女は，『より，ひとりの子どものような』といった．その後，彼女は，以前に比べ，より上手に状況を管理できるようになった．……（略）……何年か後，夫が亡くなった時，彼女は，ジュエリーボックスのところに戻り，結婚指輪を取り出し，再び，自分の指にはめたのであった．彼女は，調査チームに語った．『今，私は，本当に，未亡人なのです．』」(Boss, 1993)

これは，あるアルツハイマー病患者の高齢の妻の事例である．夫が，ますます混乱し，性的な攻撃性も高まっており，妻は，これらにどのように対処すべきか考えあぐねていたのであり，彼女はストレスフルな状況下にあった．ボスは，この物語を，ラロッサらが，シンボルと相互作用の連結 (LaRossa & Reitzes, 1993) と呼んだ状況を示す事例としている．すなわち，アルツハイマー病に起因した曖昧な喪失に直面し，この女性は，夫が，身体的には存在するが，心理的には存在しないというグレーゾーンに対し新たなリアリティを構成する．

彼女の結婚指輪は，彼女の妻としての役割の象徴であり，明確な行動期待を示すものでもある．この妻にとって，結婚指輪をはずすことは，夫との相互作用の意味を再定義することを示している．彼女が，最終的に，自分が「結婚している人」の喪失が回復できないものであることを認めたとき，役割と相互作用を，愛しあう妻―夫という関係におけるものから，ケア提供者―成人の身体ではあるが「子ども」という関係のものへと，認識的に再構築したのである (Boss, 1993 : 164)．

同じく，アルツハイマー病に起因した曖昧な喪失の記述を取り上げよう (Boss, 1999＝2005)．アルツハイマー病が進行していた母親と3人の息子の事例であり，母親も含め全員音楽家であった．父親はすでに他界しており，息子たちが「特別な方法」で，母親のケアをしていたという．ボスは，その「特別な方法」をよく示すシーンとして，彼らの家に招待された時のことを回想する (Boss, 1999＝2005)．

「私は遅れて到着したが，パーティーは，たけなわであった．私は，コートを着たまま2階にあがり，そして，ルースの寝室に誰もいないのをみてショックを受けた．もしや彼女は死んでしまったのでは？　と，思った．私は，何をいうべきか思いなやみながら，慎重に階下へおりた．しかし，驚いたことに，彼女は，スパンコールを身にまとい，みな笑い，歌っている芸術家の友人と隣人の一団に囲まれ，リビングルームにいたのであった．ルースのエッグノッグが入ったコップが危うく傾きそうになったとき，誰かが手を伸ばし，彼女のためにそれをまっすぐにしたのであった．人びとが彼女に話をし，そして彼女は彼らに話をした．誰も，彼女の言葉が支離滅裂であることを気にしているようには思われなかった．」(Boss, 1999＝2005)

息子たちは，母親の言葉を「特別な言語」として聞き，彼女の「子どもらしい行動」を魅力的であると考えた．息子のひとりトムは，彼女の言葉を，「アバンギャルドな詩歌の一種」のように聴いた．確かに，「アルツハイマー病」と診断され，彼女に変化が起き始めたとき，彼らは，最初，ショックをうけた

という．しかし，彼らは，両極的な否定を行なうことなく，「母親の新しい存在の仕方」を受け入れた．「ある朝，母親が，『私はフィクションではありません．』と宣言し，自分のおかれた状況を約言したとき，彼らは大喜びしたのであった．」(Boss, 1999＝2005)．

先に示した事例では，妻は，夫を一時的に「失われたもの」とし，「子ども」とみなすことで，夫婦関係から親子関係へと，役割と相互作用を再定義している．つまり，従前の地位関係に基づく，役割や相互作用そのものについての再定義は保留されている．一方，この事例においては，息子たちによって，母親は，「失われたもの」とはみなされていない．母親の「変化した部分」を了解不能なものとして無効化するのではなく，「変化した部分」も含め「母親」なのであり，この修正された認識を基盤に，彼らは，母親との相互作用の意味を再定義しているのである．この過程を可能にしているのは，母親が，「アルツハイマー病」の「症状」や「能力低下」，「自分」，「家族」について，どのように認識し，あるいは表現し，それとともに生活しているのかという生きられた経験としての病い（illness）という文脈で，彼女の行為の意味を理解しようとする彼らの想像力に他ならないのではないか．そして，この想像力は，「社会の慣例」―すなわちアルツハイマー病にまつわる悲劇を語ること―をのりこえ，日々，「変わりゆく」母親との相互関係を再編し続ける創造力に連結しているということもできる．そして，この母親も，この過程に，加わっているのである．

ストレスへの対処―家族内外の資源の動員へ

概観したように，家族は，喪失の曖昧性ゆえに，長期にわたり，ストレス状況を経験し，しばしば，その状況に単独で対処しなければならない，ということである．しかし，ボスの基本的モチーフは，「曖昧な喪失」は，直面する家族に，確かに，混乱とディストレスを導くものであるが，家族はその曖昧性へ対処する方法を見出すことができる，というものである（Boss, 1999＝2005）．

このように，人びとは「曖昧な喪失」状況やそれ以外の様々なストレス状況に対し受け身的であり続けるのではなく，ストレス状況の解消，あるいは，そのような状況を生じさせているストレッサーのインパクトの軽減，ディストレスの軽減などを目的とした対処 (coping) を行なう存在でもある．人びとは，家族内外の資源（ストレス状況を改善するために有効な手段）を動員したり，あるいは，状況に対する意味づけ（とらえ方）などを工夫するのである．

家族内で，相談しあうという情緒的なサポートや実際に手伝うなどといった手段的サポートを採用することも対処のひとつである．また，妻が育児・家事をひとりで果たしきれないならば，夫が手伝う，あるいは，役割を交代するなど，固定的な役割観にとらわれない，柔軟な役割配分を行なうこともひとつの対処である．近年の女性の社会進出の一応の進展は，多くの既婚女性に，家庭中心に築いてきた自らのアイデンティティを再考・再編することへの関心を抱かせている．しかしながら，女性が働きに出るという役割関係の再編が可能となるためには，まず，家族員の間で，性別役割をこえた柔軟な役割観が共有されていることが前提となる．1970年代中盤以降，既婚女性の就業率が高まり，現在では，給与所得者の妻の雇用者数が専業主婦数を上回るまでに至っているが，結婚や育児により退職した後の女性の再就職は，困難をきわめており，既婚女性の就業形態としては，パートタイム等不安定な形態が多い．自己実現のためというよりは，住宅費・教育費等の高騰などを背景とした家計補助的な意味での就労も少なくないことも否めない．こうした既婚女性の就業率の高まりに呼応する形で，固定的な性別役割分業を支持する意識が社会的に弱まってはいるが，実際の家族における分担状況は，依然として家事・育児の中心は女性であり，共働きであっても，その傾向を見出すことができるのである．また，家族内における固定的な役割観を歓迎し続けてきた企業社会，あるいは，社会福祉・社会保障制度など，家族をとりまく外部社会が役割関係の再編を可能とするよう，まずは変容していく必要があることはいうまでもない．

さて，家族外の資源を動員し，ストレス状況を改善することも重要な対処で

ある．公的な制度・サービスや，民間サービス，別居親族などを対処資源として動員し，ストレス状況を回避するというのもそのひとつだ．育児を例にとれば，仕事や家庭生活との両立のために，民間の託児所や，保育園の一時保育を利用することもそうだし，親に預けたり，ヘルパーを雇ったり，配食サービスやクリーニングを利用することもそうだ．もちろん，このような対処は，個々のストレス状況の改善に適合した諸資源が存在し，柔軟に利用できることを前提としている．親族関係による支援の可能性が希薄化しているともいわれる今日，とりわけ，公的な制度サービスの充実が求められており，高齢者介護研究においても，その重要性が確認されているところである（藤崎，1998）．

また，近年，〈家族〉を支える資源のひとつとして登場しているのが，同じ立場にあること（＝同じストレスを抱えていること）を媒介として，形成されるネットワークの存在である．同じ立場といってもさまざまだ．育児期にある母親たち，障がい者そしてその家族，介護が必要な高齢者の家族など，同じ立場にあることによってつながる社会関係である．その形成の契機に着目すれば，行政が先導して形成していくものから，人びとが，何らかの相互交流の機会を通じて，ともに同じ悩みをもつもの同士であることを認識しあい，主体的に形成していくものもある．このような社会関係は，近年，社会福祉研究で注目を浴びているセルフヘルプ・グループ（self-help group）としてもとらえることができる．

グループの機能はさまざまである．日常の生活から一時離れ一息つく．自分と同じ悩みをもつ人が身近にいることを知り孤独から解放される．お互いに悩みを語ることなどを通じて得られるカタルシスの機能．実際に，情報交換をしたり，相談や協力しあう相互援助機能などがある．経験や知識などを共有することで，自らのこれまでの対処行動をとらえかえすこともでき，こうしたとらえかえしが，ストレス状況を改善する認知的な対処となりうることもある．たとえば，介護を完璧にしなければならないと思い，介護を懸命に担ううちに，疲れ果て，ストレス状況に陥った人が，人びととの交流を通じて，自分の限界

を認識できるようになり，ひとりでは完璧にできないのが当然であり，公的サービスや家族・親族に頼ってよいと，とらえかえすことで，今までに比べ，比較にならぬほど，余裕をもって介護に向かうことができる場合などがあてはまるだろう．なお，こうしたグループのなかには，広域的に結合し，公的な制度・サービスの充実などを求める運動を，対社会的に展開するものもある．

「私（たち）だけではなかった」「実際に思いを打ち明けることができた」「いろいろな考え方や見方があることを知った」「支援してくれる人（仲間や専門家など）がいることを知った」「情報や知識を得ることができた」．これらの言葉は，精神障がい者や家族が当事者・家族の会に参加した際の感想をあらわしたものである（南山，2006）．このように，障がい者・家族にとって，当事者・家族の会は，経験を共有する場，経験をとらえかえす場，エンパワーする場などとして，肯定的に位置づけられる場合が少なくないのである．

こうした，当事者や家族の会がもつ意味や機能（あるいは構造）は，今日までセルフヘルプ・グループ論において議論されてきたことでもある．セルフヘルプ・グループは，「問題」をめぐる経験が語られる場であり，「問題」の経験に関わる物語が存在する場でもある．「語る」ことでエンパワーされ，自己変革が生じ，時には社会に働きかける力を得ることができる場として考えられるのである．「語り」を促進し「物語」を共有していく関係，すなわちナラティヴコミュニティ（narrative community）としてみなすことができる（野口，2005）．オルタナティヴな知識を発見し共有する場であり，支配的コードに抗する言説を生み出していく場としてもみなすことができる．ナラティヴは，自己物語を改訂することから，場合によっては，社会における支配的まなざしの変革へも向かいうるものなのである．

自己決定・自己選択機会の増大と家族

ギデンズによれば，近代化に伴い，社会が社会システムのあり方自体を不断に反省し再編していく仕組み，つまり制度的再帰性を有するようになった．近

代後期以降，この特徴は，より広範な領域へと拡大・浸透していくこととなった（Giddens, 1992＝1995）．家族も例外ではなく，常に新たな知識や価値などに則しながら見直しの対象となってきたのである．

　私たちの社会は，他者を理解しようとするとき，他者に対し自己を呈示し承認してもらおうとするとき，社会関係のなかでもとりわけ〈家族〉関係を，重要な情報ととらえる傾向がある．このことは，私たちが，そして社会が，いかに〈家族〉という場を，私たちのアイデンティティの主要な基盤のひとつとしてきたかを示している．このように，〈家族〉を，「私とは何か」を語る重要なアイテムとして考えてきた私たち，そして社会にとって，「男であること」「女であること」「夫であること」「妻であること」「結婚すること」「家族すること」などに関する不断の見直しとアイデンティティのゆらぎは，時には人びとに不安とストレスを与えるものであるといえるだろう．しかし，このことは同時に，所与のカテゴリーへの呪縛から個人を解放すること，つまり，個人の自己決定や自己選択の機会を増大させているともみることができるのである．社会状況の変化のなかで，〈近代家族〉の構造的欠陥がこれほどまでに鮮明に表出している今日，そのあり方を問い直すことが不可避となっているのではなかろうか．もはや，決まった〈家族〉の形はない．〈家族〉を営む成員間で，日々，不断にとり交わされる営みを通じて，個々人が，〈家族〉することを「幸せ」と感じることができた時，初めて「幸せ」といえるのであり，家族し続けてくことを望むことができるのである．

　今日，家族外の活動領域において個人の諸欲求の多くが満たされるようになり，家族は成員の自己実現を支援するようになったという．家族集団の維持よりも個人の自己実現が優先され，家族のあり方を個人が主体的に選択し形成する傾向，すなわち家族の個人化現象がみられる（目黒，1987）．家族の個人化は家族の凝集性の低下を伴うため批判されがちであるが，家族という集団に抑圧されていた個人―とくに女性や子ども―を解放する過程として積極的に評価すべきとの見解も多い．もちろん，自らの自己実現のみを志向する行為は，他の

家族員の自己実現を抑圧することに繋がる．ここでいう個人化は家族内の役割を柔軟に分担しあうことも含め自己実現を相互に支援する社会的に成熟した個人を前提としているのである．また離婚・シングル志向や脱結婚などの選択肢が増え社会的支持も獲得しつつあり，「結婚」「家族」も当たり前ではなくあくまでも個人の生き方の選択肢のひとつとしてとらえるべき時がきたといえるのかもしれない．

　ところで，戦後日本の社会福祉制度の根底には，家族扶養主義（＝家族が第一義的な扶養責任を負うべきとする立場）の考えがあった．人びとの生活保障は，まず，個人・家族などによって私的に解決されるべきであり，その努力が限界に達した場合，初めて公的な社会福祉・社会保障制度が対応するような制度のあり方，すなわち「残余的福祉モデル」を前提とする社会では，家族は，ひとつのセーフティーネットになっていたともいえる．こうした社会では，家族がいる／いないということが，その人の生のあり様に直結してしまうことになってしまうのである．家族の多様化や選択可能性を論ずる際，一方で，頼りたくとも家族がいない人（あるいは，いたとしても頼れない人）もいるという現実もあわせてふまえておく必要があるのである（山田，2003）．

参考文献

安達正嗣（1999）『高齢期家族の社会学』世界思想社
Boss, P. (1993) "The Reconstruction of Family Life with Alzheimer's Disease: Generating Theory to Lower Family Stress from Ambiguous Loss," In P.G. Boss, W.J. Doherty, R. LaRossa, W.R. Schumm, S.K. Steinmetz (Eds.), *Sourcebook of Family Theories and Methods : A Contextual Approach*, Plenum Press, 163-166.
Boss, P. (1999) *Ambiguous Loss*, Harvard University Press.（南山浩二訳（2005）『さよならのない別れ別れのないさよなら—曖昧な喪失』学文社）
Boss, P. (2002) *Family Stress Management : A Contextual Approach*, Second edition, Sage.
藤崎宏子（1998）『高齢者・家族・社会的ネットワーク』培風館
舩橋惠子（1998）「変貌する家族と子育て」『岩波講座現代の教育7　ゆらぐ家族と

地域』岩波書店
Giddens, A. (1992) *The Transformation of Intimacy*, Diane Pub. Co.（松尾精文・松川昭子訳（1995）『親密性の変容』而立書房）
稲葉昭英（1995）「性差，役割ストレーン，心理的ディストレス」日本家族社会学会編『家族社会学研究』7号
石原邦雄編著（1988）『家族生活とストレス』垣内出版
Lazarus, R. S.& Folkman, S. (1984) *Stress, Appraisal, and Coping*, Springer.
LaRossa, R., Reitzes, D. C.(1993) "Symbolic interactionism and family studies," In P.G. Boss, W.J. Doherty, R. LaRossa, W.R. Schumm, S.K. Steinmetz (Eds.), *Sourcebook of Family Theories and Methods : A Contextual Approach*, Plenum Press, 135-163.
目黒依子（1987）『個人化する家族』勁草書房
南山浩二（1997）「家族ケアとストレス―要介護老人・精神障害者家族研究における現状と課題」日本家族社会学会編『家族社会学研究』第9号
南山浩二（2006）『精神障害者―家族の相互関係とストレス』ミネルヴァ書房
野口裕二（2005）『ナラティブの臨床社会学』勁草書房
落合恵美子（1997）『21世紀家族へ（新版）』有斐閣選書
Pearlin, L. (1987) "Role Strains and Personal Stress," in Kaplan, H.B. (eds.), *Psychosocial Stress*, Academic Press, 3-32.
Pearlin, L. (1989) "The Sociological Study of Stress," *Journal of Health and Social Behavior*, 30, 241-256.
清水新二（1998）「家族問題・家族病理研究の回顧と展望」『日本家族社会学会10周年記念特集号　家族社会学研究』10（1）号，31-83
清水新二編（2000）『家族問題―危機と存続』ミネルヴァ書房
田淵六郎（2000）「構築主義研究の動向」日本家族社会学会『家族社会学研究』12（1）号
高橋勇悦監修・石原邦雄編（1999）『妻たちの生活ストレスとサポート関係―家族・職業・ネットワーク』東京都立大学都市研究所
上野千鶴子（1994）『近代家族の成立と終焉』岩波書店
山田昌弘（1994）『近代家族のゆくえ』新曜社
山田昌弘（2000）「『問題家族』の臨床社会学」大村英昭・野口裕二編『臨床社会学のすすめ』有斐閣
山田昌弘（2003）『家族というリスク』勁草書房
山根真理（2000）「育児不安と家族の危機」清水新二編『家族問題―危機と存続』ミネルヴァ書房
要田洋洋（1994）「現代家族と障害者の自立」日本家族社会学会編『家族社会学研究』6号

第5章　オルタナティブ家族

多世代共生型の住宅——世代間の連帯——

　少子高齢化が進むドイツでは，地方自治体や福祉財団などによる世代間の連帯や子育て支援への取り組みが推進されている．共働き世帯の増加に伴う子育て支援の問題や，単身世帯の高齢者の孤独といった問題を解決するひとつの試みとして，多世代共生型の住宅が注目を集めている．そこでは，ごく一般的な賃貸マンションに0歳から80歳代までの人びとが入居し，世話役が常駐する．世話役は世代間交流のための各種イベントの組織や，住民相互の助け合いの支援，トラブルの解決などを任務としている．住民たちは共に活動することを通して得られる親密な「ご近所関係」の距離感を高く評価しているようである．

　この他にも，地方自治体が組織する高齢者と幼い子どもをもつ親との「お見合い」がある．孫のいない高齢者が，ボランティアの申請─登録─研修─紹介という流れを経て，地域に住む特定の子どもの「おばあちゃん」や「おじいちゃん」になるというものである．地域行政主導によるこのようなマッチングには失敗例もあるが，血縁関係にない高齢者と若い親子との間に強い絆が形成され，かけがえのない「家族」を得たと感じている人たちがいることも事実である．

キーターム

ステップ・ファミリー　子連れの再婚などによって作られる新しい家族をさす．"step" とは，継親，継子という意味で，血縁関係にない親子の関係である．

コレクティブ・ハウス　個別のプライベートな生活空間と，リビングやキッチンなどの共同の生活空間を設けている多世代型の集合住宅をいう．家事や育児，共通の作業や趣味活動などを通して，親密なコミュニケーションを図れる居住スタイルとして注目されている．

はじめに

「あなたにとって一番大切なもの」とは何かを尋ねた意識調査がある．生命，健康，自分，愛情，精神，子ども等々，数ある回答のなかで下位を大きく引き離して一位になったのが「家族」である．しかも調査が開始された1953年以降，半世紀をかけて家族の優位は高まる傾向にある（図5－1統計数理研究所，2009）．家族とはかけがえのない大切なものだということに多くの人びとが賛同する．だが，現代において人びとがイメージする家族のかたちは多様であり，家族を定義づけることはとても難しくなっている．

戦後の日本では，両親と未婚の子どもからなる核家族，もしくは祖父母世代の同居する三世代家族が一般的な家族のかたちだと考えられてきた．だが，現代において家族の様相は大きく変貌を遂げ，個性的な家族が至る所でみられるようになった．近代家族の枠に収まりきらない家族は，次第に少数派とはいえなくなりつつある．

本章のテーマは，「オルタナティブ家族」である．"alternative"という語には「代わりの」「型にはまらない」などの意味がある．結婚や出産を選択し

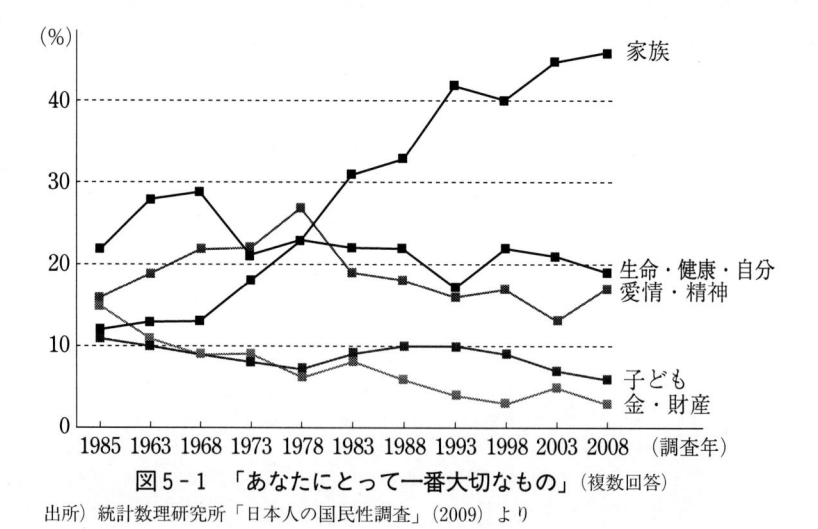

図5－1　「あなたにとって一番大切なもの」(複数回答)

出所）統計数理研究所「日本人の国民性調査」(2009) より

ない人，同性パートナーと子育てをする人，血縁や婚姻関係にない同居人と固い絆で結ばれている人びとなど…．現代では，「あるべき」と考えられてきた家族規範が弱まり，バラエティに富んだオルタナティブ家族が見られるようになってきている．先例のないスピードで進む少子高齢化や，グローバル化による多様な価値観や意識の共有，社会的格差の拡大など，激動する社会のなかで近未来の家族像はどのように変化していくのだろう．本章では，「オルタナティブ」として新しい家族のかたちを選択できる可能性が，私たちの前にどの程度開かれているのかを，結婚・親子・住まいの視点からみていくことにしよう．

結婚のオルタナティブ

法律婚と事実婚 「家族形成の第一歩は結婚である」という考えは，日本では晩婚化や未婚化が進んでいくなかでも，まだ堅実だといえるだろう．しかしヨーロッパでは，1960年代の終わり頃から結婚件数が減少するとともに同棲(cohabitation)や離婚が増加し，「結婚の死」が論じられるようになった．家庭という私的領域は，子どもを中心とした関係性からパートナー関係に重心を移し，さらには個人を中心とする関係性へと移行してきた（Peuckert, 2008）．そして今や，結婚は家族形成の必要条件であるとはいえなくなってきている．オルタナティブとしての同棲が増えたことは，結婚への法的保護を同棲に対しても認めることに繋がった．たとえば，スウェーデンのサンボ法（1987）やデンマークの登録パートナーシップ法（1989），フランスの連帯市民協定（PACS 1999）などは，登録をした同棲カップルに対し，結婚と同じような税制上の優遇措置や社会福祉等の法的保護を与えている．

こうした社会では同棲と結婚の間の垣根はなくなりつつあるが，カップルにとって両者の関係は状況に応じて流動的である．ドイツには「お試し婚」(Ehe auf Probe) という言葉がある．婚姻届を出す前に同棲することで，相手と長く連れ添っていけるかどうかを試すという意味である．同棲してみてうまくいけば婚姻届を出すこともあるが，結婚しないでそのまま関係性を続ける場

合もある．同棲には，2人の関係が破綻しても面倒な裁判手続きなしに別れられるというメリットがあるので，子どもをもち，ともに子育てをする覚悟ができてから婚姻届を出しても遅くはない．同棲でも法律婚でも法的な処遇に違いがないのであれば，届け出によって社会的承認を得たいと考えるか否かは，純粋に2人の意思に委ねられることになる．そうであるならば，家族形成は，比較的容易だといえよう．これに対して日本では，世間体を重んじる親世代の意向が若者の結婚に強く関与する傾向がある．そのため「同棲をしてみて決める」ことに，周りの理解が得られにくい．そういう点では，結婚のオルタナティブによって家族を形成することに高いハードルがある社会だといえるだろう．とはいえ，日本でも性に関する規範が緩やかになってきたことから，カップルが別々に暮らしながら通い合う関係性LAT (Living apart together) は，すでにシングルの人たちの一般的なライフスタイルとなっている．

次に同棲カップルと子どもの出生についてみてみたい．ヨーロッパでは同棲という関係性が制度的に保護されていくにつれて，婚外子への差別も解消されていった．婚外子の割合は，1965年の時点では，スウェーデンやデンマークを除くヨーロッパ諸国では全体の1割以下であったが，1970年代以降は急激に上昇し，2005年の各国の全出生数に対する婚外子の割合は，スウェーデン55.4％，フランス47.4％，デンマーク46.1％，イギリス42.3％と軒並み4割を超えている．そして比較的割合が低いドイツでも27.9％と，全体の約3割を占め，その割合は年々増している．他方，日本の婚外子割合は約2％と極めて低い水準に留まっている．その背景には，民法に婚外子への差別規定があること（相続割合が嫡出子の2分の1）に加えて，今なお社会的な偏見が残っている等の事情がある．子どもの権利の平等という観点から民法改正が行なわれることになれば，日本でも法律婚によらない家族が広く受け入れられていくことになるであろう．

同性婚 上で取り上げたパートナーシップ法やパクスは，同棲をしている異性カップルだけでなく，同性カップルを保護する制度でもある．欧米では，生殖を前提とするキリスト教の一夫一婦の結婚観に基づいて，同性愛が社会規範

からの逸脱として迫害されてきた歴史がある．同性愛に関する記述は古代よりみられるが，近代市民社会では男女の関係性だけを「正当」とみなす異性愛規範が強化されて現代に至っている．そうした社会的な雰囲気を変える契機となったのは，1960年代末に始まったゲイ解放運動（gay liberation）である．この運動に対しては根強い反発もあるが，西欧をはじめとする諸外国では，運動が実を結び，同性愛者の権利を保護する制度が整えられつつある．

たとえば，デンマークは1989年に世界で初のドメスティック・パートナー制度を導入した国であり，同棲する男女もしくは同性カップルを遺産相続や年金，医療制度などの面で，法律婚と同等に処遇している．制度の導入時には反発も大きかったが，今では教会での挙式や養子縁組なども認められるようになっている．また，オランダでは1996年に同性愛者への差別を法律で禁じ，1998年には同性カップルに結婚に準ずる権利を与える登録パートナー制度を導入した．その改正法が施行された2001年には，同性カップルが養子を迎えることができるようになり，世界で初めて法律婚との制度上の差別が完全に解消された．養子縁組の権利が認められたことは，同性愛者が親となる権利を獲得し，同性カップルと子どもによって構成されるオルタナティブ家族が社会的に承認されたということでもある．

このようにヨーロッパをはじめとする国々では，同性カップルと異性カップルの差別解消に向けて動きつつある．そして半世紀ほど前には決して公認され得なかった新しい「家族」が誕生している．しかし一方で，こうした動きへの根強い反発もあり，キリスト教の結婚観を堅持する立場の人びとは，依然として同性婚に批判的な姿勢を崩していない．カトリックが人口の約9割を占めるスペインでは，2005年に同性婚を合法化したが，その前後には賛否を巡って論戦が繰り広げられ，デモが相次いだ．アメリカでも，マサチューセッツ州，バーモント州，アイオワ州など現在6州で合法化しているのみである（欧米以外で同性婚を認めている国としては，南アフリカ共和国，イスラエル，メキシコ他の国々が挙げられる）．日本では欧米ほど宗教的信条に基づく反発は強くはないが，

異性愛だけを正当とみなす風潮は根強く，オルタナティブな関係性として公認されてはいない．法務省は，日本人が外国で同性婚登録をすることができるように「婚姻要件具備証明書」の発行に踏み切ったが（2009），両性による婚姻について定めた憲法の改正には，まだ大きな壁があるといえよう．

親子関係―血縁・非血縁の親子―

　離死別と再婚によって新たに親子となった継母・継子の愛憎劇は，昔から繰り返し物語に描かれてきたテーマでもある．今日では，子連れ離婚と子連れ再婚のいちじるしい増加に伴い，数多くの新しい親子やきょうだいの関係性が築かれている．子連れ再婚によって形成される家族は，ステップ・ファミリー（step family）と呼ばれる．そうした親子の関係性は，離婚と再婚が複数回繰り返されることによって，広範囲に拡大していくことになる．離婚を経て別居することになった親と子は，週末や長期休暇を一緒に過ごすなどして関係性を継続する場合が少なくない．他方で，新しい親子関係が構築できずに混迷する家族もあれば，それを乗り越えて最初の家族よりも強い絆で結ばれる場合もある．また再婚に当たって親同士が法律婚をしなければ，新しい親子の関係は法的には単なる同居人ということになり，家族のかたちはさらに多様化していくであろう．

　日本の事情をみてみると，2005年の全婚姻届出件数のうち夫婦の何れかが再婚，もしくは夫婦ともに再婚のカップルの割合は，1970年の11.1％から25.3％へと増加し，全体の4分の1を超えた．再婚カップルの増加に伴い，ステップ・ファミリーの数も増えているものと推測される．親は，パートナー選択という自身の意志決定によって家族の再編成を行なえるが，子どもは家族の変化を受け身でとらえるほかに術がない．新しい環境に馴染めない子どもの悩みや，子どもが懐いてくれずに苦労する親の葛藤，また悲惨な虐待に繋がる場合など，家族のなかだけでは対応しきれない問題に対しては，カウンセリングをはじめとする社会的支援が不可欠である．

このほかに，何らかの事情で親の保護が受けられない子どもを養育する里親の家庭も，子どもにとってのオルタナティブ家族となっている．日本ではこれまで乳児院や児童養護施設中心の施策が行なわれてきたが，近年は家庭で育成する方が子どもの成長にとって望ましいという考え方が主流になってきている．児童保護において里親が占める割合は，オーストラリア—91.5％，アメリカ—76.7％，イギリス—60.0％，フランス—53.0％等と比べ，日本では6.2％と極めて低い水準である（湯沢，2004）．しかし児童福祉法の改正（2009）を機に，養育里親（養子縁組をしない里親）制度が推進されており，とくに児童虐待問題が深刻化するなかで，里親制度に寄せる期待が高まっている（里親の希望者は，児童相談所に申請し，審査のうえで知事や指定都市市長から里親として認定される）．子どもたちは，里親の保護のもとで一時的もしくは長期的に家族の一員として迎えられ，安定した生育環境を得ている．たとえば，国際NGOの「SOS」が運営するオーストリアのキンダードルフ（子どもの村）では，母親代わりの職員が一般住宅に住み，複数の子どもを育てるシステムが作られている．こうした支援体制は，日本でも広がりつつあり，子どもたちは母親やきょうだいとともに「家族」を構成し，周囲の協力を得ながら地域の生活に溶け込んでいく．里親によるオルタナティブ家族は，子どもの心身の傷を癒し，成長に不可欠な拠り所となっている．

このほか，生殖補助技術の進歩によって家族の様相も複雑化している．非配偶者間の人工授精，代理母出産，卵や受精卵の提供と認知に基づく非血縁の親子関係，凍結受精卵による出産など．生殖補助技術をめぐり商業主義も介入するなかで，従来の家族観からは想像を超えるような家族の関係性が生みだされている（9章を参照）．生殖補助技術は人びとの切なる願いを叶える一方で，「誰が親なのか」「生殖補助技術はどこまで利用可能か」などの問題を提起する．だが，日本では生殖補助技術と親子の関係性についての議論はまだ充分に尽くされているとはいえず，課題は山積している．

以上，結婚や親子という関係性のオルタナティブをみてきた．次に，制度的

な枠組みの外にありながら，現実には「家族」として結束しているオルタナティブ家族をみていくことにしよう．

🖉 居住関係—誰と住まうのか—

近代家族規範のもとでは，血縁関係や姻戚関係にある人が一緒に住まうことが家族の常識であったが，現代では，「誰とどのように住まうか」ということが，個々人の生活満足度に直結する重要な関心事となってきている．日本では成人した未婚の子どもは引き続き親と同居するか，もしくは独立してひとり暮らしや寮生活をするのが一般的だったが，今では若い世代の間で，気の合った人たちと同居するライフスタイルも人気ある選択肢のひとつとなっている．

1970年代頃からドイツでは，若者の間で居住共同体（Wohngemeinschaft）というライフスタイルが広がった．3～5 LDK 程度の一般住宅を気の合った友人たちが共同で借りるという住まい方で，一人ひとりが個室をもち，バスやトイレ，台所や居間を共有するのである．たとえば，学生たち（カップルを含む）が一軒家を借りて賃貸料や必要経費を分担しあうということもある．プライバシーを確保した上で，仲間と協力しあって暮らすというライフスタイルは，シェア・ハウス（share house）とも呼ばれ，日本の若者の間にも急速に広まってきている（久保田，2009）．期間限定のシェア・ハウスもあれば，結果的には長期の居住共同体として，家族のオルタナティブになる場合もある．

さらに，より長期的な展望に立った住まい方として，コレクティブ・ハウス（collective house）を挙げることができる．コレクティブ・ハウスとは，個別のプライベートな生活空間と，共同の生活空間を設けている多世代型の集合住宅のことである．デンマークやスウェーデンにおいて，1930年代ごろから発展してきた居住形式であるが，1970年代頃からは，人びとの自主的な協働や相互扶助によるコミュニティ構築を模索する動きが広がり，その機能や形態を変えながら現在に至っている．

コレクティブ・ハウスには，複数の人びとが，リビングやキッチン，応接空

間などを共有して家事や育児を協力しあうなど，親密なコミュニケーションを図れるという利点の他に，経済的で孤独に陥らないという魅力もある．日本でも1990年代以降，都市における新しい居住スタイルとして注目を集めるようになってきている．また，エコロジカルな生活習慣を大切にしたいと考える人びとが，建築素材などにこだわって共同住宅を建設するなど，志向を同じくする複数の家族や個人が集合住宅コーポラティブ・ハウス（cooperative house）を建設する例もみられる．不動産を共同所有することには煩雑な権利上の取り決めが必要であり，困難も小さくはないが，終の棲家を共同で作り上げることによって居住者がより強く結束していく成功例もある．

こうした住まい方のなかでは，時間を共有し役割を分担してともに助け合うなかで，家族としての一体感が形成されていくことが期待されている．とくにひとり暮らしの高齢者などが，生活上の不安から家庭的な雰囲気を求めてコレクティブ・ハウスを選択する場合もある．そこには婚姻や血縁関係に基づく濃密な関係性はないが，緩やかな一体感を共有できるという長所がある．「住まう」という視点に立つと，夫婦や親子という関係性に拠らずに，日常生活の共同のなかから家族のオルタナティブが形成されていくプロセスをみることができる．家族とは，ともに暮らすことによって縒り合わされる絆であるといえるかもしれない．最後に，「家族の絆」という観点からオルタナティブ家族について考えてみることにしよう．

家族とは

本章では，いくつかのオルタナティブ家族を取り上げて，近代家族の枠組みにとらわれない新しい家族のかたちを概観しようと試みた．その過程で生じてきた疑問がある．それは，新しい家族が危機的な状況に直面したときに，運命共同体ともいうべき旧来の家族の「オルタナティブ」となる堅固さを備えているのかという問いである．私たちの日常生活は，さまざまなリスク要因に囲まれている．病気やリストラ，老いや離死別，そして災害や事故など．それらに

加えて，これまでは専ら母たちが担ってきた家事や子育て，介護といった無償労働を担い合っていけるのかという問題もある．そう考えると，個々人の経済的自立，生活者としての自立のもとで協働することが重要な前提となるであろう．経済支援をはじめとする社会的なサポートがセーフティネットとして制度化され，個々人が拠りかかり合うことなく結び合える環境整備は，オルタナティブ家族が存立するための重要な鍵になるはずである．

人は，生涯ただひとつの家族のなかで暮らしていくわけではない．「シングル，結婚前の共同生活，結婚という形をとった共同生活，生活共同体，一度か二度の離婚を経た後の親であること」（ベック，240頁）等，さまざまな局面が人生にはある．そこでは，それぞれのライフステージに応じた暮らし方や家族のかたちがあり，その時々に最適な家族の在り方を選び取る自由があってよい．そしてどのような選択を行なったとしても，そのことによって不利益を被るものであってはならないだろう．家族が個々人にとって大切な拠り所であり続けるためには，家族の枠組みが寛容なものであること，そして誰もが自立して生きられる基盤のもとで，ともに暮らす相手や暮らし方を選び取れる制度的枠組みを構築していく必要があるだろう．

参考文献

ベック，ウルリヒ（東廉・伊藤美登里訳）（1998）『危険社会―新しい近代への道―』法政大学出版会
久保田裕之（2009）『他人と暮らす若者たち』集英社
牟田和恵編（2009）『家族を超える社会学―新たな生の基盤を求めて―』新曜社
中村隆・前田忠彦・土屋隆裕・松本渉（2009）「国民性の研究　第12次全国調査―2008年全国調査―」統計数理研究所　研究リポート
Peuckert, Rüdiger (2008) *Familienformen im sozialen Wandel* (7. Auflage), VS Verlag für Sozialwissenschaften/Wiesbaden.
湯沢雍彦（2004）『里親制度の国際比較』ミネルヴァ書房
湯沢雍彦・宮本みち子（2008）『新版データで読む家族問題』日本放送出版協会

Part II

カップルの模索

第6章　恋愛と結婚と家族

結婚の意味

　結婚することの意味ってなんだろう．みなさんは，考えたことがあるだろうか．かつては，結婚しないと，社会生活上できないこと，困ることがたくさんあった．好きな相手との性的交渉や共同生活に始まり，女性にとっては，専業主婦として夫や子どもの世話をする代わりに，夫に養ってもらうという生活上の保障，男性にとっては，妻子を養っているという社会的責任の承認と，妻からの世話を受けることで日常生活が円滑に営まれることの保障，そして子どもをもち育てることなど，結婚していないと人生生活が成り立たなかったともいえる．
　しかし，近年は，結婚しないとできないことが減り，逆に結婚することが，デメリットにもなりうるということが増えてきた．その象徴が，近年の未婚化・晩婚化の進展であろう．山田昌弘が指摘するように，親による扶養期間の長期化も未婚化・晩婚化の要因のひとつであるが，それ以上に結婚のメリットの減少，デメリットの増加があるのではないだろうか．
　そもそも，結婚式は，日本の場合婚姻届とは連動していないので，結婚しなくてもできる（ある女性タレントが結婚式を趣味だとして，夫とともに何度も場所を変えて結婚式をあげているのは有名な話である）．婚前性交は，年々増加の一途をたどり，性的交渉は，結婚しないとできないことではなくなった．しかし，「できちゃった婚」の増加をみる限り，北欧やヨーロッパ諸国に比較して，日本では，「子どもは婚姻関係になければ出産すべきでない」という考えが強いように見受けられる．
　一方，結婚後の共働き家庭はいまや既婚家庭の半数を超え，結婚しても仕事をするということは女性にとって珍しいことではなくなっている．しかし，共働きであっても家事・育児は妻の役割である傾向には変化がみられず，結婚は女性にとって，役割の増加ともみなされる．つまり，仕事を頑張りたいと思う女性にとっては，結婚はデメリットになるかもしれない．共働きが増えている一方で，妻子を養うという役割は，依然として男性に期待されている．男性にとっては，独身時代に自分で好きに使うことのできた給料が，結婚によって妻子を養うために使われることになる．
　結婚が，自分の人生の後半を左右するものであるとするなら，結婚のメリット・デメリットを天秤にかけ，また「本当にこの人でいいのだろうか」と考えてしまうと，「できちゃった婚」でもない限り，なかなか結婚に踏み切れないというのは納得できる．では，再度訊ねよう．「あなたにとって結婚する意味とは？」
　今や結婚や家族の形成には「典型的なモデル」はない．結婚する・しない，いつするか，そして，子どもをもつ・もたない，何人もつか，結婚後の役割分担をどうするのか，自分で，自分たちで作っていかなければならない．つまり，「結婚の意味」が，問われるのである．

🗝 キーターム

未婚化・晩婚化　結婚しない人たちが増えている，結婚の年齢が遅くなっているという1980年代後半からみられ始めた現象．日本における少子化の主要な原因であるとされている．

平均初婚年齢　初めて結婚する平均的な年齢．1970年代までは，ほとんどの人びとが平均初婚年齢で結婚していたが，近年は初めて結婚する年齢がばらついており，必ずしも全体の初婚年齢を代表する数値にはなっていない．

パラサイト・シングル　学卒後も親と同居し，基礎的生活条件を親に依存している未婚者を指す．「パラサイト」とは，「寄生する」という意味であり，自立できる状態にありながら，親と同居してすべて面倒をみてもらっている（寄生している）シングル（独身者）という意味で使われている．1980年代後半から目立ってきた現象である．

負け犬　狭義には，未婚の30代以上，子なしの女性を指し，広義には，20代であっても未婚で仕事をバリバリこなし，30代になっても結婚しなさそうな女性，子どもがいても結婚経験のないシングルマザーも含まれる．2000年代初めに流行した概念である．これに対して勝ち犬とは，結婚し，子どももいる30代以上の女性で，多くは専業主婦である．ちなみに，男性の負け犬はオスの負け犬といういい方をする．

婚活　結婚活動の略．就職活動を就活ということをヒントに作られた言葉．負け犬の流行から5年たって流行りだした概念．現代においては，結婚も就職と同じように，結婚相手を探していると自分からアピールし，積極的に活動しないとなかなか相手をみつけられないという状況を示している．

🖋 減少する結婚

若者がなかなか結婚しなくなっているといわれて久しい．平成20年度の婚姻件数は73万1千組（前年度は71万9,822組），婚姻率（人口千対）は5.8（前年度は5.7）で，平成19年度よりはやや上向き傾向にある．しかし，戦後最高の婚姻件数を記録した昭和47年の婚姻件数1,009万984組，同じく戦後最高の婚姻率である昭和22年の12.0に比較すると，婚姻件数，婚姻率とも大幅に減少していることは明らかである（厚生労働省「人口動態統計」）．

こうした婚姻の減少傾向は，とくに1980年代後半から目立ち始め，「未婚化，晩婚化」現象として，近年の日本の少子化の主要因であるといわれてきた．では，1980年代から婚姻の減少が目立ち始めたのはなぜだろうか．また，こうした婚姻の減少は何を意味しているのだろうか．

そこで，本章では，現代における婚姻の減少について，その背景にある配偶者選択の変容と結婚の意味の変容という観点から検討し，近年の恋愛と，結婚，家族の現状と今後の展望について検討してみたい．

🖋 若者の未婚化，晩婚化

平均初婚年齢の推移をみてみると，1970年代前半までは，男性27歳前後，女性24歳前後であったが，1970年代後半から男女とも上昇し始め，2008年には，男性30.2歳，女性28.5歳を記録している（厚生労働省「人口動態統計」）．そして，こうした平均初婚年齢の上昇（すなわち，晩婚化）のみならず，年齢が高くなっても未婚である人びとも増加している．1975年には30歳代前半の男性の未婚率は14.3％，30歳代後半では，6.1％，同年の20歳代後半の女性では20.9％，30歳代前半では7.7％であった．それに対して，2005年の段階では，30歳代前半の男性の未婚率は47.7％，30歳代後半では，30.9％，女性では，20歳代後半で59.9％，30歳代前半で32.6％と，男女とも未婚率が非常に高くなっている（図6-1）．さらに，2005年の生涯未婚率は，男性15.96％，女性7.25％と，1965年の男性1.50％，女性2.53％に比べて大幅に増加していることがわかる

図6-1　年齢別未婚率の年次推移

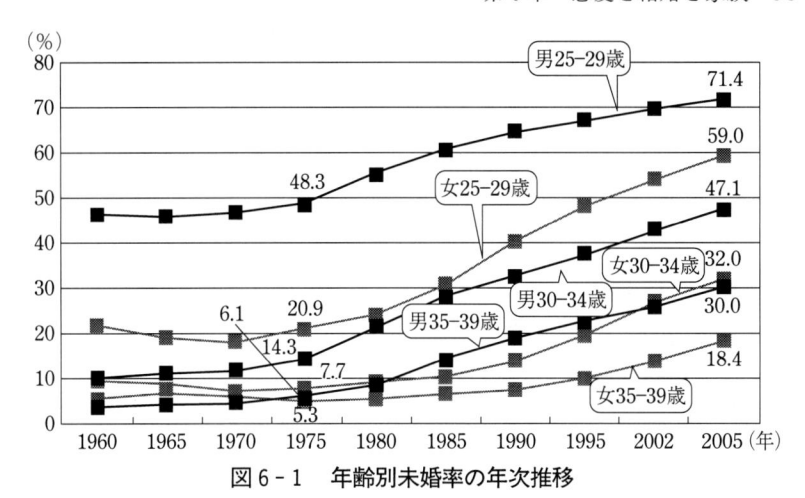

資料）総務省統計局「国勢調査報告」

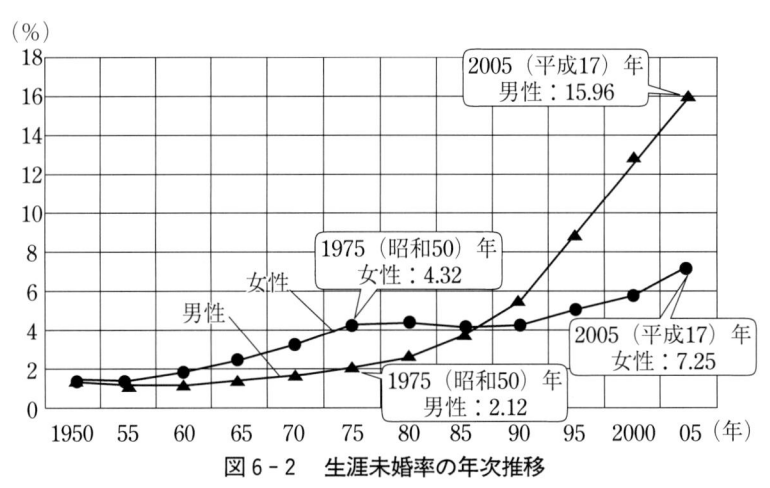

図6-2　生涯未婚率の年次推移

資料）国立社会保障・人口問題研究所「人口統計資料集（2009年版）」
注）45歳～49歳と50歳～54歳未婚率の平均値であり，50歳時の未婚率を示す．

（図6-2）．つまり，1970年代までは，男性は30歳代前半で，女性は20歳代後半で90％近くの人びとが結婚していたが，2000年代に入って以降，男女とも30歳代になっても，30％以上が結婚していないという未婚化の傾向が強まってきているのである．

では，このような未婚化の傾向は，近年若者たちが，結婚に魅力を感じなくなり，結婚に対して消極的になった結果，発生した現象なのだろうか．

「結婚適齢期」の崩壊と未婚化・晩婚化

2005年に行なわれた第13回出生動向基本調査によると，18歳から34歳の未婚者のうち，男性は87.0％，女性は90.0％が「いずれ結婚するつもりである」と回答している．この回答からは，未婚の若者たちは，一生結婚しないと決めているわけではないことが読み取れる（表6-1）．しかし，男女とも未婚者の半数が「理想的な相手がみつかるまでは結婚しなくてもかまわない」と答えている（図6-3）．つまり，結婚はしたいが，理想的な相手が現れなければ，無理に結婚することはなく，そうした相手が現れるまで待ち続けることになるので，それが，未婚化につながると解釈できる．

先ほどみてきたように，1970年代では，ほとんどの人びとが平均初婚年齢で結婚していた（皆婚社会）．それは，平均初婚年齢が結婚適齢期とみなされていたため，男女ともに，この「結婚適齢期」までに結婚することが当たり前と考えていたからである．

たとえば，女性の結婚適齢期は「クリスマスケーキ」にたとえられており，女性は25歳前後で結婚しなければ，婚期を逃すと考えられていた．実際，企業においても，男性の終身雇用とは裏腹に，女性には早期退職制度が適用されており，結婚退職（いわゆる寿退社）をしなくとも，24，5歳になってまだ退職しないでいれば，上司から「肩たたき」に会うのは必須であった．また，男性に関しても，結婚して妻子をもって一人前という社会的通念があり，30歳代になっても独身でいる男性は，責任感や信用に欠けるとして，企業においても，

第6章 恋愛と結婚と家族

表6-1 調査別にみた，未婚者の生涯の結婚意思

【男 性】

生涯の結婚意思	第8回調査 (1982年)	第9回 (1987年)	第10回 (1992年)	第11回 (1997年)	第12回 (2002年)	第13回 (2005年)
いずれ結婚するつもり	95.9%	91.8	90.0	85.9	87.0	87.0
一生結婚するつもりはない	2.3	4.5	4.9	6.3	5.4	7.1
不詳	1.8	3.7	5.1	7.8	7.7	5.9
総 数（18～34歳）	100.0%	100.0	100.0	100.0	100.0	100.0
（標 本 数）	(2,732)	(3,299)	(4,215)	(3,982)	(3,897)	(3,139)

【女 性】

生涯の結婚意思	第8回調査 (1982年)	第9回 (1987年)	第10回 (1992年)	第11回 (1997年)	第12回 (2002年)	第13回 (2005年)
いずれ結婚するつもり	94.2%	92.9	90.2	89.1	88.3	90.0
一生結婚するつもりはない	1.4	4.6	5.2	4.9	5.0	5.6
不詳	1.7	2.5	4.6	6.0	6.7	4.3
総 数（18～34歳）	100.0%	100.0	100.0	100.0	100.0	100.0
（標 本 数）	(2,110)	(2,605)	(3,647)	(3,612)	(3,494)	(3,064)

資料）国立社会保障・人口問題研究所「第13回出生動向基本調査」2005年より

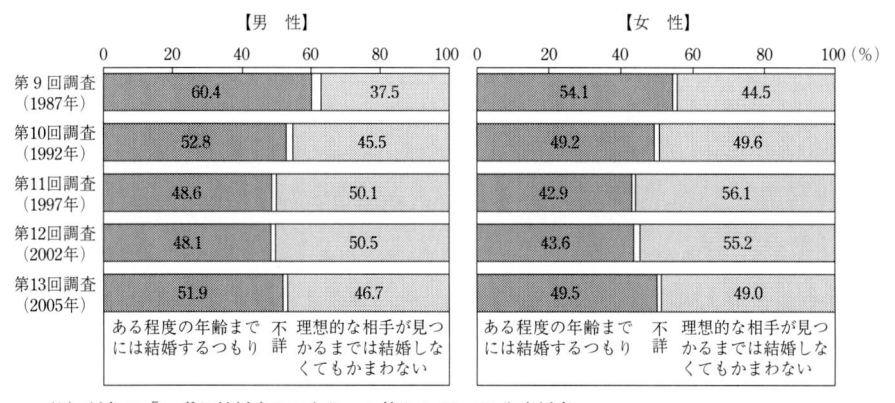

【男 性】

調査	ある程度の年齢までには結婚するつもり	不詳	理想的な相手が見つかるまでは結婚しなくてもかまわない
第9回調査（1987年）	60.4		37.5
第10回調査（1992年）	52.8		45.5
第11回調査（1997年）	48.6		50.1
第12回調査（2002年）	48.1		50.5
第13回調査（2005年）	51.9		46.7

【女 性】

調査	ある程度の年齢までには結婚するつもり	不詳	理想的な相手が見つかるまでは結婚しなくてもかまわない
第9回調査（1987年）	54.1		44.5
第10回調査（1992年）	49.2		49.6
第11回調査（1997年）	42.9		56.1
第12回調査（2002年）	43.6		55.2
第13回調査（2005年）	49.5		49.0

注）対象は「いずれ結婚するつもり」と答えた18～34歳未婚者

図6-3 調査別にみた，結婚意思をもつ未婚者の結婚に対する考え方

資料）表6-2に同じ

重要な仕事を任せてもらえず，昇進に影響するという状況もあった．つまり，男性，女性双方にとって，社会生活上，結婚は欠くべからざるものであり，しかも，「適齢期」に結婚をする必要があったのである．そのため，1970年代までは結婚適齢期に結婚相手となるべき相手がいなければ，お見合いをして相手を探すのが当たり前と考えられていた．これが，平均初婚年齢での皆婚（皆が結婚すること）につながったわけである．

結婚の意味の変化と未婚化

図6-4は，結婚のきっかけの変化を恋愛結婚とお見合い結婚の対比でみたものである．1965年から1970年にかけて，ちょうどお見合いと恋愛の割合が逆転していることがわかる．そもそも，第2次世界大戦前の日本では，結婚のきっかけはお見合いによるものがほとんどであったが，これは，「家」制度という戦前日本の家族制度によるところが大きい．「家」制度下では，結婚相手を決めるのは，家長（父親）であり，結婚をする当人ではない．そもそも，結婚は，「家」のためにするもの（子孫を残すため）であって，結婚当事者の意思は二の次なのである．「家」のための結婚であるから，「家」のつりあいを考えて，つりあいのとれる「家」の娘，息子との結婚となる．いいなずけという形で，子どもが生まれたばかりの時に，家長同士が自分の子どもの結婚を決めてしまうこともあれば，家のつりあいのとれた相手を紹介してもらい，家長がその相手を気に入れば，無事に結婚に至るということもあった．

第2次世界大戦後，民法改正により，「家」制度は，法的には崩壊した．その結果，結婚は，「家」のためのものから，「個人」のためのものになり，結婚相手は，家長ではなく，結婚する当事者が決めるようになった．したがって，配偶者は，「家」にふさわしい人から，個人にとってふさわしい，すなわち，愛情を抱き，「恋愛関係」にある人，という具合に変化した．これは，まさに，バージェスの指摘する近代家族の特徴，「制度から友愛へ」という流れであるが，日本においては，「家」制度の名残と，前述の「結婚適齢期」の考え方か

第6章 恋愛と結婚と家族　97

恋愛結婚・見合い結婚の構成比 (%)

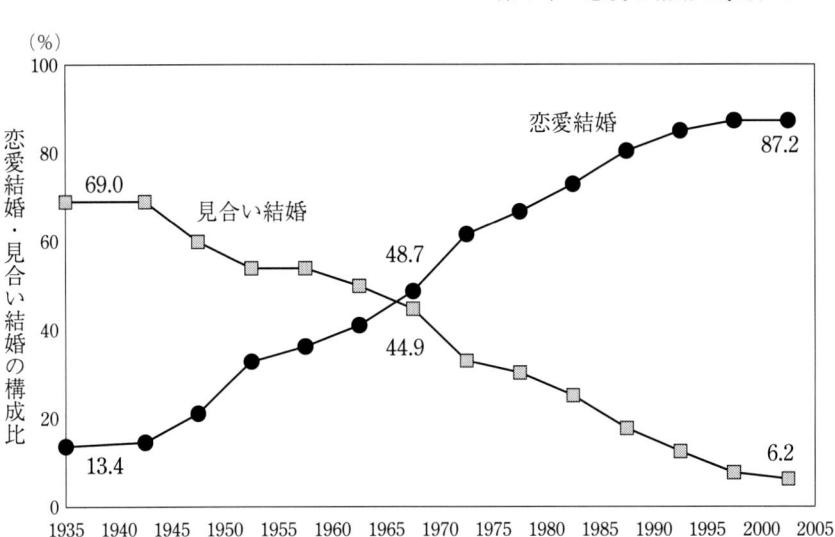

- 恋愛結婚: 87.2（2005年付近）
- 見合い結婚: 69.0（1935年）→ 6.2
- 交差点: 48.7 / 44.9（1965年付近）
- 13.4（1935年）

図6-4　結婚年次別にみた，恋愛結婚・見合い結婚構成の推移

資料）表6-2に同じ

ら，戦後しばらくは，お見合い結婚が，結婚相手をみつける一手段として流通していたのである．その後，お見合い結婚は徐々に減少し，1980年代に入ると，「恋愛結婚」が結婚のきっかけの主流になった．それに伴い，「恋愛関係」に至る相手に出会わなければ，結婚しないという「未婚化」現象が発生することになったのである．そして，その背景には，「適齢期までに結婚しなければいけない」という社会的な制約が薄れてきたことが存在する．

1986年には男女雇用機会均等法が施行され，女性への早期退職制度が禁止されたばかりでなく，女性にも男性と同じ雇用機会が開かれることになった．その結果，女性は結婚を急ぐ必要がなくなり，一方の男性も，妻子をもって一人前というようなみなされ方がされなくなった．こうした状況も，「結婚適齢期」の崩壊を促進したと考えられる．

しかし，たとえ「結婚適齢期」が崩壊しても，恋愛対象となる「いい相手」が早いうちにみつかれば，未婚化，晩婚化に至ることはない．だが，1980年代

後半以降の未婚化，晩婚化現象の発生は，若いうちにそうした「いい相手」がなかなかみつからないということを明示しており，結婚相手をみつける環境や選ぶ基準が変化してきていることをも意味している．

配偶者選択の変化と結婚相手の条件の変化

結婚相手を選ぶことを配偶者選択という．従来，配偶者選択については，次のようなことが指摘されてきた．「同類婚」と「接触頻度の高さ」が配偶者選択のきっかけになるということである（森岡・望月）．同類婚とは，本人や親の学歴や職業の類似，生活習慣の類似といったように，社会的属性が類似している人ほど配偶者として選択されやすいということである．また，接触頻度の高さとは，居住地が近い，学校や職場が同じなど，接触頻度が高いほど，恋愛関係が生まれる可能性が高くなるため，配偶者として選択されやすくなるというものである．

同類婚も接触頻度の高さも，かつての「家」制度下における村落では，どちらも同時に実現する可能性が高かったといえる．しかし，戦後の都市化の進展と産業化の結果，人の移動は激しくなり，同類婚も接触頻度の高さも実現しにくくなっている．接触頻度の高さに関しては，学校や職場などでかろうじて可能性があるくらいである．こうした配偶者との出会いの場の減少という環境の変化も婚姻の減少の要因のひとつと考えられるだろう．

さらに，結婚相手に求める条件も，近年，大きく変化している．かつて，お見合い結婚がまだまだ主流であった1960年代から1970年代にかけての高度経済成長期には，女性は結婚後専業主婦になり，男性が唯一の稼ぎ手として一家を養うという家族の在り方が典型的であった．そのため，女性は結婚相手の条件として3高（高学歴，高収入，高身長）を挙げ，男性は，容姿のよさに加えて料理が上手，世話好きであるなど，家事・育児能力の高さを妻の条件として挙げることが多かった．つまり，性別役割分業を前提として，夫には経済力，妻には家事・育児能力が求められ，それがそのまま結婚相手の条件となっていたの

である．しかし，その後，女性の社会進出が進み，恋愛結婚が主流となった1980年代には，妻となる女性への条件は大きく変化しないものの，男性への条件は経済力だけでは済まされなくなった．3Cという言葉で示されているが，Companionship（伴侶性・協力）＝家事・育児に協力的で，夫婦としての時間を大切にしてくれる，Confortable（十分な給料）＝それなりの水準で生活するのに十分な給料を稼いでくれる，Communicative（理解）＝妻の仕事へ理解を示し，価値観も同じである，といった具合に，経済力に加えて，家事育児能力，家庭を大事にしてくれるなど多様な条件が加わってきたのである．

　この傾向は，2002年に行なわれた第12回出生動向基本調査からも明らかである．図6-5にみるように，結婚相手の条件として，妻に求めるものは「共通の趣味」「容姿」，夫に求めるものは「経済力」「職業」と，従来と大きく変わっていないが，男女に共通してみられる条件は，「人柄」「家事・育児に対する能力や姿勢」「自分の仕事に対する理解と協力」となっている．すなわち，これまでは，女性にだけ求められてきた「家事・育児能力」，男性だけが相手に求めてきた「仕事への理解と協力」が男女双方に求められるようになり，結婚相手の条件が多様化していることがわかる．

　しかし，現実はそう甘くはない．日本は先進諸外国のなかでも，夫の家事・育児時間が極めて少ない国として有名であり，たとえ共働きであっても，夫の家事・育児への参加率は非常に低い．2003年に実施された第3回全国家庭動向調査によれば，共働き家庭においても，家事・育児は妻がほとんど担っており，家事の80％以上を妻が担っている家庭は，共働き家庭の70％を占めている（国立社会保障・人口問題研究所，『第3回全国家庭動向調査』，2003）．さらに，ここ10年以上にわたる不況の影響で，ニート，フリーターばかりでなく，正社員として勤める男性の安定雇用，安定収入も危ぶまれるようになってきている．こうした状況を受け，近年は，女性が結婚相手の条件として，かつての3高に対して3低が指摘されるようになっている．3低とは，「低姿勢」「低依存」「低コスト」のことで，女性に丁寧で威圧的でない（低姿勢），家事など身の回

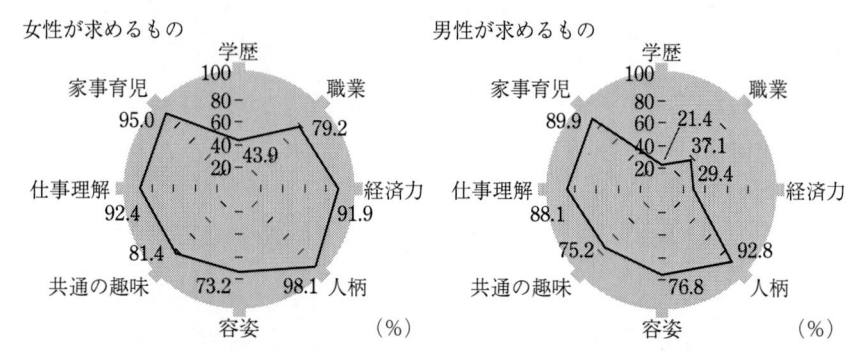

女性が求めるもの　　　　　　　男性が求めるもの

　　　　　　学歴　　　　　　　　　　　　　学歴
家事育児　100　　職業　　　　家事育児　100　　職業
　95.0　80-　　79.2　　　　　89.9　80-　21.4
　　　　60-　　　　　　　　　　　　　60-　37.1
　　　　40-　43.9　　　　　　　　　　40-　29.4
仕事理解　20-　　経済力　　　仕事理解　20-　　経済力
92.4　　　　　91.9　　　　　88.1　　　　　92.8
　　81.4　　　　　　　　　　　75.2
共通の趣味　　　人柄　　　　共通の趣味　　　人柄
　　73.2　98.1　　　　　　　　　76.8
　　　容姿　　（％）　　　　　　容姿　　（％）

注) 18歳から34歳の「いずれ結婚する」と答えた未婚者のうち、結婚相手として「重視する」「考慮する」と回答した割合．

図6-5　結婚相手の条件：女性と男性（2002年）

資料出所）国立社会保障・人口問題研究所『第12回出生動向基本調査——結婚と出産に関する全国調査：独身者調査の結果概要』2003年より作成．
出所）井上輝子ほか編『女性のデータブック（第4版）』有斐閣，2005年，p.13

りのことを女性に頼らない，お互いの生活を尊重する（低依存），リストラにあわない職種についている，手に職や資格をもっている（低コスト）といったことを指す．この3低も3Cよりは条件レベルが下がっているものの，はたしてこの3低にあてはまる男性はどれほどいるのだろうか．そしてまた，男性自身も，先行きの不安定さを抱えて，家族を十分に養える自信がないからと，結婚に踏み切れないのが現状なのである．

未婚化・晩婚化とパラサイト・シングル

　このように，未婚化・晩婚化が進展してきた背景には，配偶者選択のきっかけの変化，結婚相手に求める条件の変化が大きい．自分自身の努力によって結婚相手を探さなくてはならなくなり，その一方で結婚相手への条件が多様化しているのであるから，結婚相手がみつけにくくなるのも当然だろう．さらに，それに加えて，かつてのように結婚が人生上欠くべからざるものではなくなったということも，未婚化・晩婚化進展の要因のひとつと考えられる．それを如実に示している現象が，1980年代後半からみられるようになったパラサイト・

シングルである．

　パラサイト・シングルとは，学卒後正社員として就職しても親と同居し，生活のさまざまな面で親に依存している20代後半から30代前半の若者を指す．このパラサイト・シングルという言葉を作りだした山田昌弘や，宮本みち子らの調査によれば，1980年代後半から1990年代にみられたパラサイト・シングルの多くは，親と同居し，個室をもちながらも，生活費を家に入れることもない．自分の給与のほとんどすべてを自分の趣味や娯楽に使ってしまい，ときには小遣いをもらうこともある．そして，男女とも身の回りのことは母親にしてもらい，たとえ休日であっても家事は一切せず，お弁当をつくってもらったりすることさえあるという．

　親と同居しているからこそ，自分で家事をしなくてよいし，家賃などの生活費の心配もない．そして，働いて得た収入のすべてを自分の趣味や娯楽のために使うことができる．しかし，結婚をすれば，男性には一家を養うという役割が，女性には家事・育児という役割が待っているわけで，あせって結婚するよりも，本当に結婚したいと思う「理想的な相手」が現れるまで，結婚しないということになってしまうわけである．

　さらにもう一点，未婚化・晩婚化が進展した背景として考えられる要因として，婚前性交への許容度の高まりを挙げることができる．見合い結婚が主流だった1970年代までは，とくに女性側に「処女性」が要求された．性のダブルスタンダードにより，男性には婚前性交，婚外性交が許容されていたが，女性は，結婚して初めて性交渉を経験するものという社会通念が存在していた．結婚前に性的な関係を経験している女性は，性産業に従事するいわゆる「玄人」女性だけであり，普通の女性は，結婚まで「処女」を保たなければならない．つまり，公然と男女が性的な関係をもつには，結婚することが必要だったのである．

　しかし，近年は図6-6にみるように，未婚女性の性経験者の増加が著しく，特に20歳代にその傾向が顕著である．結婚を前提としていなくとも，「恋人＝性的関係のある人」という考え方が，若い世代を中心に当たり前となってきて

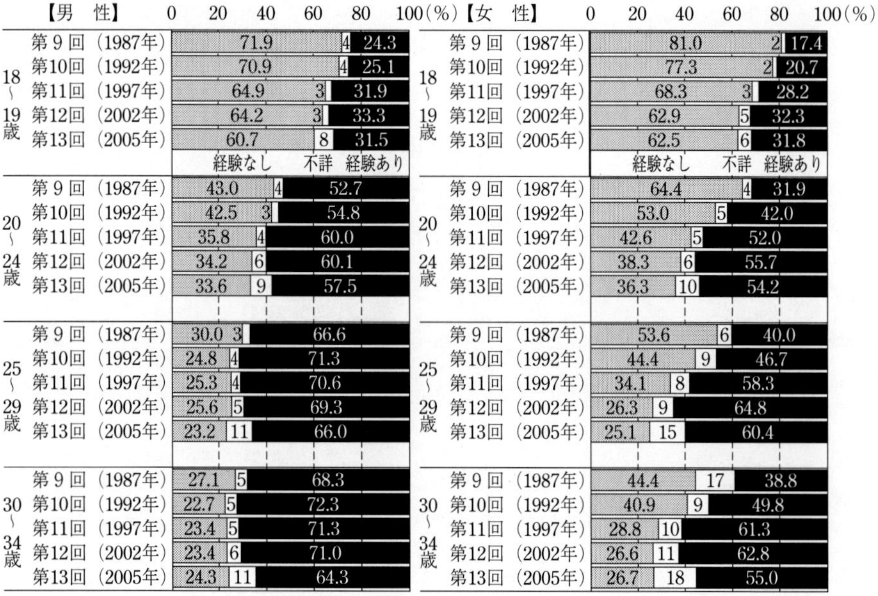

		【男性】経験なし／不詳／経験あり	【女性】経験なし／不詳／経験あり
18〜19歳	第9回（1987年）	71.9 / 4 / 24.3	81.0 / 2 / 17.4
	第10回（1992年）	70.9 / 4 / 25.1	77.3 / 2 / 20.7
	第11回（1997年）	64.9 / 3 / 31.9	68.3 / 3 / 28.2
	第12回（2002年）	64.2 / 3 / 33.3	62.9 / 5 / 32.3
	第13回（2005年）	60.7 / 8 / 31.5	62.5 / 6 / 31.8
20〜24歳	第9回（1987年）	43.0 / 4 / 52.7	64.4 / 4 / 31.9
	第10回（1992年）	42.5 / 3 / 54.8	53.0 / 5 / 42.0
	第11回（1997年）	35.8 / 4 / 60.0	42.6 / 5 / 52.0
	第12回（2002年）	34.2 / 6 / 60.1	38.3 / 6 / 55.7
	第13回（2005年）	33.6 / 9 / 57.5	36.3 / 10 / 54.2
25〜29歳	第9回（1987年）	30.0 / 3 / 66.6	53.6 / 6 / 40.0
	第10回（1992年）	24.8 / 4 / 71.3	44.4 / 9 / 46.7
	第11回（1997年）	25.3 / 4 / 70.6	34.1 / 8 / 58.3
	第12回（2002年）	25.6 / 5 / 69.3	26.3 / 9 / 64.8
	第13回（2005年）	23.2 / 11 / 66.0	25.1 / 15 / 60.4
30〜34歳	第9回（1987年）	27.1 / 5 / 68.3	44.4 / 17 / 38.8
	第10回（1992年）	22.7 / 5 / 72.3	40.9 / 9 / 49.8
	第11回（1997年）	23.4 / 5 / 71.3	28.8 / 10 / 61.3
	第12回（2002年）	23.4 / 6 / 71.0	26.6 / 11 / 62.8
	第13回（2005年）	24.3 / 11 / 64.3	26.7 / 18 / 55.0

設問「あなたはこれまでに異性と性交渉をもったことがありますか．」1.ある，2.ない
第13回調査の設問は，1.過去1年以内にある，2.過去1年以内にはないが，以前にはある，3.ない

図6-6　調査・年齢別にみた，未婚者の性経験の構成比
資料）表6-2に同じ

いるといってもよいだろう．つまり，性交渉をもつために結婚は必然ではなくなったため，結婚を焦る必要もなく，それが，未婚化・晩婚化にもつながっていると考えられる．

パラサイト・シングルの変容

これまでみてきたリッチなシングルの象徴としてのパラサイト・シングルは，バブルの好景気と親の子どもに対する庇護と扶養の長期化を背景に生まれたものであるが，その後の経済の低迷により，パラサイト・シングルも様変わりしている．山田が名付けた当時のパラサイト・シングルは，基本的に正社員として就労しているわけであるから，結婚しようと思えば結婚できるだけの財力を

もっていた．そうした意味で，彼ら／彼女らは，リッチな独身生活を謳歌したくて，あえて結婚を先延ばしにしてきたともいえる．しかし，1990年代後半以降から近年にかけてのパラサイト・シングルの多くは，無職かパート，アルバイトである割合が高くなっている．いわゆる「ニート」「フリーター」と呼ばれる若者がそれに相当すると考えられる．つまり，正社員の職につけず，親から独立して生活することが困難であるために，やむをえず，親と同居しているのであって，好き好んでしているわけではない，というケースも少なくないということである．そして，安定収入がないために，親から独立もできず，結婚もしたいけれど，資金がない，生活費の目処が立たないから，結婚できないということになるのである．

負け犬と婚活現象の意味すること

　さらに，2000年代初頭には，「負け犬」という言葉も生まれている．この言葉は，基本的に女性を指すものであり，男性を指す場合には，「オスの」負け犬といういい方をする．「負け犬」は，この用語を創り出した酒井順子によれば，狭義には，未婚，子ナシ，30代以上の女性を指す．ここでもっとも重要なのは，「現在結婚していない」ということである．

　この「負け犬」に該当する女性たちには，1990年代にはパラサイト・シングルで，そのまま未婚の状態を続けている人たちも多く含まれている．「負け犬」のすべてが親と同居しているわけではないが，「負け犬」の親同居率は概して高い．パラサイト・シングルがもてはやされたバブル期は，女性が第一線でバリバリ仕事をすることは，結婚の有無にかかわらず，かっこいい「勝ち組」とみなされていた．しかし，2000年代に入って一転，結婚しないで，仕事をバリバリ続けてきた女性たちが，結婚していない，そして子どももいないことを理由に「負け組」となってしまった．

　これまで，結婚は後回しにして仕事の第一線でバリバリ働いてきた女性たちが，ふと立ち止まり，もうあまり若くはない自分と先行きの人生を考えたとき，

これから先も自分は一生独身かもしれない，その時自分はどうなるのだろうかと老後を含めたこれからの人生に対して，不安と焦りを覚え，それが「負け」という認識を生み出したのかもしれない．また，そもそも，生殖に関し，男性にはタイムリミットはないといわれているが，女性には妊娠・出産のタイムリミットがある．未婚のまま，仕事に，自分の趣味・娯楽に生きてきた女性たちが，ふと気づいたら，自分の妊娠・出産のタイムリミットが近づいていた．「女性にしかできない」妊娠・出産というイベントを経験せずに，一生を終えてしまうかもしれないという認識が，すでに同世代で妊娠・出産を経験している主婦たちに対して，「負けた」という意識を生み出したということもあるだろう．

　一生独身であることを肯定的に受け入れ，日常生活から人生設計も一生独身であることを前提に考えていこうとする上野千鶴子の「おひとりさま」という概念も同時に生まれている．しかし，近年の「婚活」という流れをみる限り，結婚をしないで，仕事中をバリバリこなすことが，かっこいい女性の生き方としてもてはやされた時代は，もはや終焉を迎えつつあるようだ．しかし，だからといって，現代では，そう簡単に結婚相手がみつかるとは限らない．それが，まさに，「婚活時代」なのである．

　そもそも，1990年代以降の未婚化・晩婚化のなかで一貫して変化していないのは，未婚者たちの結婚願望である．みな，一生結婚しないと決めているわけではなく，いい相手がみつかれば結婚したい，今はその相手がいないから結婚していないだけだという．しかし，現代の配偶者選択の現状を考えたとき，ただ単に，いい相手が現れるのを待っているだけでは，いつまでたっても結婚相手はみつからない．そうした現状を，山田昌弘と白河桃子は，就職活動＝就活をヒントに，結婚活動＝婚活と名付けたのである．

　つまり，かつて身分制社会（前近代社会）では，職業は先祖代々の「家」のものであるから，個人の選択の余地などなく，個人がどんな家に生まれるかによって，自動的に決定されていた．しかし，近代社会に入り，職業は個人が自

由に選択するものになったと同時に，自らある職業に就くために教育を含めたさまざまな準備をし，また職業獲得のために自ら行動を起こさなければならなくなった．結婚も職業と同様に，前近代社会では，子孫を残すためのものとして，個人ではなく，「家」の都合で決定されていた．つまり，個人の選択の余地はないが，個人が何ら行動を起こすことなく，親によって自動的に決められていたのである．しかし，近代社会に入り，結婚もまた，自由な選択が可能になった．お見合いが主流だった時代には，結婚が人生上必須のイベントであったために，多少は相手の条件に妥協して，「結婚すること」を優先させたが，恋愛が唯一の配偶者選択のきっかけとなり，また結婚が欠くべからざるイベントではなくなった現代では，個人が自ら進んで結婚のための活動をしない限り，ただ待っているだけでは手はみつからないというわけである．

　この観点からするならば，近年の未婚化・晩婚化の傾向は，若者の自ら結婚相手を探そうという認識や努力の欠如も影響していると考えられる．では，「婚活」ブームで，はたして婚姻数は増えているのだろうか．本章の冒頭で確認したように，ここ2，3年で婚姻数も若干増え，さらに，いい相手がみつかるまで結婚しないのではなく，ある一定の年齢までには結婚したいという意識をもつ若者が増えてきている．では，こうした近年の傾向によって，未婚化・晩婚化は解消していくのだろうか．

　「負け犬」を定義した酒井も指摘しているように，そもそもパラサイト・シングル時代から未婚を続けている30歳代後半から40歳代のシングルの場合，すでに自分の生活世界が確立してしまっているため，結婚によって，それを乱されたくないという思いが強い．そのため，なかなか結婚に踏み切れないという現実がある．一方，より若い世代では，そうした囚われは少ないものの，本章ですでに検討してきたように，近年の若者たちの結婚相手への条件は，非常に多様化している．多様な条件を満たしてくれるような人物は，そう多くは存在しないであろうし，その条件のなかには，従来の性別役割分業の基本は崩さずに，「いいとこ取り」とも思えるものが含まれている．たとえば，近年，結婚

しても仕事を続けたいと思う女性は増加傾向にあり，そうなると，夫となる男性には，家事育児を分担してほしいと思う女性が増えても当然である．しかし，女性は，男性への家事育児分担のみならず，自分が仕事をしていても，夫には一家を養ってもらうという役割まで期待している．一方の男性も，妻となる女性が働くことは吝かではないが，自分は家事・育児を分担せずに，家事・育児は妻の役割と考えている．

このように，男女とも従来の性別役割分業の基本を壊さずに，お互いに過重な役割を期待しているようでは，そう簡単に「いい相手」はみつからないだろう．つまり，そう簡単には，未婚化・晩婚化傾向が沈静化するとは考え難い．

しかし，ここで熟慮が必要なことがある．未婚化・晩婚化は，解消しなければいけない現象なのだろうか．結婚は，人生上必須であるイベントから，必ずしも必要ではないイベントへと変容してきた．近年の婚活ブームは，ある意味，また結婚を人生上必須のイベントへと引き戻そうとしているようにもみて取れる．はたして，それは必要なことなのだろうか．第5章でも検討されているように，必ずしも結婚という形態をとらなくとも，人生上のパートナーをみつけることは可能である．そのパートナーも異性に限らず，同性でもよいし，2人に限らず複数の共同生活者でもよい．また，日本の「できちゃった婚」に象徴されるように，結婚している異性のパートナーでないと妊娠・出産・育児が許されないのだろうか．北欧諸国やヨーロッパ諸国にみられるように，結婚していない異性カップルの間での出産・子育てがあってもよいであろうし，同性カップルが体外受精や養子による子育てを行なってもよいだろう．

従来の典型的な家族像に縛られていると，未婚化・晩婚化は少子化をもたらす問題傾向，シングルの増加による老後の不安の問題発生，というように，解消しなければいけない社会問題ととらえられてしまう．しかし，より柔軟な発想で，恋愛，結婚，家族のありかたをとらえるならば，未婚化・晩婚化に付随して発生している諸問題は，婚活の促進以外にも解決方法を見出すことができるのである．

参考文献

宮本みち子(2002)『若者が〈社会的弱者〉に転落する』洋泉社
宮本みち子・岩上真珠・山田昌弘(1997)『未婚化社会の親子関係』有斐閣選書
森典子ほか編(2003)『男女共生の社会学』学文社
森岡清美・望月嵩(1999)『新しい家族社会学』培風館
酒井順子(2003)『負け犬の遠吠え』講談社
上野千鶴子(2007)『おひとりさまの老後』法研
山田昌弘(1999)『パラサイト・シングルの時代』ちくま新書
山田昌弘(2004)『パラサイト社会のゆくえ―データで読み解く日本の家族』ちくま新書
山田昌弘・白河桃子(2008)『「婚活」時代』ディスカヴァー携書

第7章　性別役割分業と家事労働

夫婦の役割「同じくらい稼ぐべき」35％

　夫は外で仕事をして稼ぎ，妻は家事や子育てを担う——．そんな夫婦の役割分担が当たり前だと受け止められた時代もあったが，意識はかなり変わってきている．今回の調査で「夫婦が同等に担うべきだ」とする意見が「家事」については半数近く，「生活費稼ぎ」についても3分の1に達した．

　「子育て」「炊事や洗濯などの家事」「生活費を稼ぐこと」の三つについて，主に担うべきなのは夫か，妻か，あるいは同じくらいに担うべきなのかを一般論として聞いた．

　家事については「妻」との答えが51％にとどまり，「夫婦同じくらい」が46％に達した．子育ても「妻」が23％で，「同じくらい」76％．

　また，生活費を稼ぐことの主な担い手についても，「夫婦同じくらい」と考えている人が35％いる．「夫」の答えが多いとはいえ63％にとどまる．

　これに関連して，「専業主婦志向」についても尋ねた．自分自身の希望として，男性には専業主婦でいてほしいか，女性には専業主婦でいたいかという質問だ．

　男性の答えは「専業主婦でいてほしい」が41％，「そうは思わない」62％．男女を問わず「専業主婦志向」は高くない．

　ただ，専業主婦志向の既婚女性でも，約3割が何らかの仕事をしているという結果が出ている．この点から考えると，「夫婦同じくらい稼ぐべきだ」という意見は，共稼ぎでないと暮らせない経済状況を踏まえた現実論の色彩も帯びているようにみえる．

　専業主婦志向の女性全体のなかでも，「夫婦同じくらい稼ぐべきだ」は28％である．

出所）『朝日新聞』2009年12月27日付朝刊

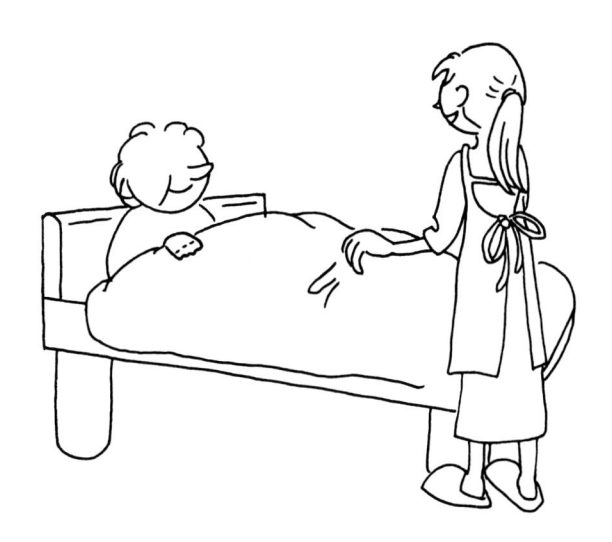

🗝 キーターム

女性の家内性 女性と家庭が結び付けられ、家事能力や育児能力と女性性がつながっていった。「女らしさ」に象徴されるように、女性の適性として家庭との関係が強調されてきた。それは、単に家庭内にとどまらず、女性の存在や生き方に影響を与えてきた。

ワーク・ライフ・バランス 仕事とプライベートな生活のバランスをとった働き方ができるようになること．仕事以外のプライベートな生活には，家事や育児・介護のみではなく、地域活動や趣味などの余暇活動も含まれる．個人の視点と企業側の視点双方からの必要性がいわれている．

男性の育児休業 現在の日本社会では、男性の家事・育児時間は非常に短く、国際的にみても非常に低いレベルである。男性の意識も変化をみせ、育児にかかわりたいと感じている人も多い。男性の育児休業制度も成立しているが、実際の取得率は相変わらず低い。

主婦 日本社会に主婦という存在が登場したのは、大正期以降といわれている。高度経済成長期といわれた1970年代に、専業主婦の割合がピークに達した。日本社会の税金や保険料の支払いを世帯単位と考える制度が専業主婦優遇となり、女性の働き方を限定する要素となってきた。

アンペイド・ワーク 無償労働。労働を賃金にかえる有償労働に対し、金額計測できないとされるインフォーマルな経済活動。家事・育児・介護や地域活動などがアンペイド・ワークとみなされる。無償労働は、圧倒的に女性が担ってきた。

🔖 性別役割分業の終焉

「夫は外で働き，妻は家庭をまもるべきである」という考えに対し，「どちらかといえば反対」31.3％，「反対」23.8％と，反対が55.1％と，初めて2009年の調査で半数を超える結果がでた．性別役割分業に対する意識は，1980年代後半から大きな変化をみせている．1979年の時点では「夫が外で働き，妻は家庭を守るべき」に反対なのは，20％程度であった．近年では，男性の意識変化も著しく，従来の性別役割分業を維持することが難しくなっているようである．

しかし，意識の変化がどのような形で現実化しているかとみると，疑わしい点が多い．むしろ，意識の上では性別役割分業を否定するが，実際の生活を変化させることには困難さがともない，人びとの結婚や家族からの逃避という形で，それが表れているのではないかとさえ思える．

少子化は改善されているようにはみえないし，晩婚化・非婚化の波は「婚活」という状況まで生み出している．男女共同参画社会の必要性が謳われ，男女共同参画社会基本法が成立して10年が経過している．人口減少社会の到来およびますますの社会の高齢化は，女性労働力に大きな期待がかけられることである．さらに，経済状況の低迷は，共働き世帯を標準化せざるを得ない様相である．一方で，非正規雇用という働き方の存在は，若者の結婚による家族の形成にも大きな影響を与えている．

性別役割分業の規定から解放された男女は，個性を大切にした生き方ができるようになり，「男だから」「女だから」ではなく，「自分らしい」生き方ができるようになったはずである．しかし，自分らしく生きるためにも，社会のなかの存在としての意味は重要である．社会のなかで自分がどのような立場をもち，期待され，評価されているのかを私たちは確認しながら生きている．自分とは何かというアイデンティティの確立のためには，性別によるジェンダー・アイデンティティも重要な要素であった．私たちは，社会化の過程において，自分の性別を認識した上で，社会における自らの役割に気付き，役割期待にこたえることで，社会のなかに地位をもっていく．性別による役割期待が規定さ

れていない社会にあって,私たちは自分らしさをどのように形成していったらよいのだろうか.

性別役割分業の変化あるいは終焉は,私たちに新たな生き方を与えることになる.現在の日本社会は,性別役割分業に対して意識の上での変化と現実とのギャップが存在しているいわゆる過渡期ともとらえられる.また,社会のなかでの自分らしさを形成していく過程は,子どもから大人への社会化の過程である.その変化は,時間を必要とし,必ずしも急激には起こらない.日本の社会は,性別役割分業により支えられ,規定された社会の次の段階へ向かっているといえよう.ここでは,性別役割分業がどのように成立し,性別役割分業により規定されていた社会とはどのようなものであったかをみていき,さらに現在および将来の男女の在り方を検討していきたい.

性別役割分業とは

「男は仕事,女は家庭」という性別による分業が成立しており,そのことがむしろ家族を安定させていた時代があった.「夫は外で働き,妻は家庭を守るべきである」という考えが,一般的であり「ふつう」であると考えられており,そのような考え方に賛成する人は1992年でも6割を占めていた.性別役割分業は,20世紀の日本社会における男女の在り方を規定するものであった.そして,それは必ずしも家庭内・家族におけるものではなく,社会において性別による分業が成立していたのである.

多くの男性が生涯仕事を続け,結婚後は家族の稼ぎ手として収入を得る.ほとんどの女性は,専業主婦として,生涯の大半を家事労働と育児を担当することで送ったのである.1975年をピークに女性の多くが専業主婦になっていった.「団塊の世代」といわれる人びとを中心に,高度経済成長期の日本では,サラリーマンの夫と専業主婦の妻,子ども2人といういわゆる標準世帯が形成されたのである.男女ともに「結婚適齢期」が存在し,恋愛結婚が大多数の人びとによって実現していた.そして,家族に収入をもたらす企業戦士の夫と,その

夫を支え、家庭を守り家事・育児をもっぱら担当する専業主婦の妻という、性別役割分業に基づく家族が形成されていた。

仕事を分担し分業を行ない、その効率を上げていくことは、人間の知恵として行なわれてきたことである。仕事を分業して行なうことは、必ずしも否定されることではない。その上、その分業を「性別」というわかりやすい形で行なうことは、便利で機能的であったのであろう。ただし、分業が行なわれていくうちに、分担された仕事に優劣がついていくことも否めない。

さらに、性別による分業が他の分業と異なる点は、性別という当事者には選択することのできないもので、分業が行なわれるという点である。男女とも、性別という自分ではどうすることもできないものによって、役割が決定される。それ以外の役割を希望することや分担することは、社会のなかで少数派とされてしまうのである。性別により役割が規定されると、個人の生活全般、そして生き方が役割規定により決定あるいは大きく影響されるようになってくる。このようにして形成された社会の価値観は、いずれ当たり前とされ、普遍的なものであるかのようにそこに生きる人びとに影響を与えてきた。

男性は家庭の外で働くことに向いていて、女性は家事労働に向いている存在であると皆が考えるようになっていた。さらに、そのような分業は家族のなかのみで行なわれていたのではなく、日本の社会全体において女性の役割、男性の役割というものが存在し、分業が成立していたといえる。

近代家族と性別役割分業

性別役割分業に基づく家族は、今でも「家族」といわれるとイメージするものと一致するのではないだろうか。家族とは、夫婦とその子どもたちにより形成されたもので、愛情によって結びついたものである。そこでは、夫が稼ぎ、妻が家事や育児を行なう。子どもたちは家庭のなかで成長し、社会にでていく。しかし、こうした家族は普遍的なものではなく、近代という時代の産物のひとつとして「近代家族」といわれているのである。

いわゆる「近代」は、家族を社会から分離させ、家族から生産という機能を消滅させて、消費の場としてきた。さらに、近代という時代は、「個人」を行為主体として登場させた。個人を結びつける「愛情」の存在も、近代の特徴である。ヨーロッパにおいては産業革命・市民革命以後形成されてきた家族であるが、日本においては、明治民法による女性の扱いを経て、大正時代の都市家族の登場により「近代家族」が徐々に形成されてきた。しかし、このような家族の形が広がり普及していくのは、高度経済成長期においてである。

「近代家族」は、高度経済成長期の日本社会に非常に適合したものであり、社会にとっても、個人にとっても都合のよいものであった。「男は仕事、女は家庭」という役割を性別により明確に分担することにより、男性も女性も互いを必要とし、結婚をして家族を作ることが、それぞれのよき生涯を約束することになったのである。誰もが結婚にあこがれ、家族は幸せを保障すると考えられていた。

性別役割分業の歴史

日本の近代化と女性　明治という時代に入り、日本社会は大きな変化を強いられた。日本の近代化は急激に起きたために、封建体制を残したものであるといわれるが、家族についても同じことがいえる。明治政府は、1872年に戸籍法を制定し、戸主を中心とした家族を国家として把握していった。戸主の圧倒的な権限と責任が規定され、家族とは戸主以外の存在をさし、戸主の後継者としての長男という特別な存在による形態が作られていった。

1898年に明治民法が制定され、明治政府が考える家族がそこには描かれていた。同時に女性の在り方についても、政府の考えが明確にされた。明治民法においては、①長子による家督の相続、②婚姻により妻は夫の家に入り、夫の氏を名乗ること、③妻の夫との同居の義務、④妻のみの姦通罪、⑤財産行為に対する妻の無能力、⑥子どもへの親権は父親のみとすることなどが規定された。

現在，私たちが「古い家族」と考える家族は，この明治民法により作られたものが多い．日本社会における伝統的な「家」とは，異なる形で日本の家族がここで規定されたと考えられる．

良妻賢母と主婦の誕生　今日ではあまり聞かなくなった「良妻賢母」という思想は，少し前までの女子教育のモットーとしてよく使われていたものである．女性の生き方としての「良妻賢母」は，性別役割分業を美化し，浸透させていったものである．

明治時代にはいり，近代化を推し進めた日本政府は，教育においても近代化を行なった．1872年に「学制」が施行され，日本全国共通の学校教育が始められた．女子に対しても，男子と同じ小学校教育が義務教育とされた．日本は，奇跡的なスピードで就学率を上げ，1904年には男女ともに90%台の就学率に達した．

女子教育としては，「女学校」が1899年に法令化され，高等女学校という命名のもとに男子とは異なる中等教育が普及していった．

大正時代以降，都市で暮らす人びとが登場し，サラリーマンというような働き方をする人びとが登場してくる．仕事を家族の外で行なういわゆる「近代家族」の形態である．しかし，男性ひとりの収入のみで家族の生活を支えることができる仕事はまだ少なかった．銀行の重役や軍人，医師，官吏などの新中間層と呼ばれる人びとである．これらのサラリーマンの妻たちは「奥さん」と呼ばれ，専業主婦という存在である．これらの「奥さん」たちは，家庭を守り，家事と育児をもっぱら担当するようになる．

女学校における「良妻賢母」教育は，「奥さん」の養成を目的とするものであった．女性たちは，家庭に居て，妻と母としての役割を担当する生き方を理想とするようになった．当時の日本社会にあって，女子の中等教育である女学校への進学率を上昇させたものが，女性を家庭内の存在とする「良妻賢母」教育であったのである．これは，女性を主婦にしていき，性別役割分業を徹底させていく．

第7章　性別役割分業と家事労働　115

教育する家族と母親　女性の生き方として，家庭内において良妻賢母であることが理想とされると同時に，家族の機能として，未来の国民となる子どもの教育が期待されるようになった．子どもは，家族のなかで育つものとされ，その家族は社会から距離を置き，公共領域とは分離されたものとなるいわゆる近代家族のかたちである．

　近代以前の時代にあって，家族は生産という機能も担っていたので，人びとは生きていくための技術や仕事を家族のなかで学んだ．家業を継ぐことが子どもに期待され，家族は社会とつながったものとして，村落共同体のなかに存在した．学校教育は導入された当時においては，「村の教育」と対立するものであった．しかし，産業化が進むとともに，土地から離れて生きることができるようになったために，子どもたちは学校教育から得たものをもとに生きることになった．子どもたちに教育を施すことが，子どもたちの将来の生活を安定させることになっていった．

　大正時代には，『赤い鳥』が出版されるなど，子どもに対する社会の価値観も変化してきた．学校教育と家庭での教育が同型化してゆき，学校でのよい子が家庭でもよい子になっていく．

　家庭での子ども教育が重要視されるようになると，その教育の担当者として，家庭内にいる母親の役割が強調されてきた．女性の生き方として，すばらしい子どもを育てることが理想とされ，子どもをいかに育てるかが女性の業績とさえ考えられるようになっていく．

高度経済成長期の家族　1945年の終戦とともに，日本は新たな価値観を受け入れることになった．新しい日本国憲法では，すべての国民は法の下に平等であるとされ，日本国憲法第24条には，家族生活における個人の尊厳と両性の平等が謳われている．婚姻は，両性の合意によってのみ成立し，夫婦は同等の権利を有する．しかし，終戦後の混乱や食糧難を乗り切るために，廃止されるべきとされた「家」的なつながりによって，人びとは生活を支えていたのである．

　1956年の経済白書に「もはや戦後ではない」といわれ，日本社会は戦後復興

から高度経済成長の時代を迎えるのである．

家族は，夫婦関係を基軸とする核家族を理念とし，戦後のベビーブームの後，出生率は低下し，家族規模が縮小していく．郊外に建設された団地に象徴されるように，サラリーマン世帯が一般化していくのである．

高度経済成長期の日本社会にとって，性別役割分業に基づくサラリーマンの夫と専業主婦の妻と子どもたちという形態の家族は，より適合的な形態となっていく．基幹となる男性社員と，家事と育児を責任もって担当してくれる専業主婦というカップルの存在は，企業の成長のためにも都合がよい存在であった．

性別役割分業に基づき，男女が果たすべき役割が明確にされ，大多数の人びとがそのような生き方を選び，家族を作った．そんな時日本の家族はもっとも安定したともいわれている．学校生活を終えた男女は，職場を共有し，そこで出会い恋愛に基づく愛情によって結婚へと進む．職場においても，性別役割分業が成立しており，基幹となる仕事を任される男性と，そのアシスタントとして男性の仕事がうまく進むように支える女性というように働き方にも男女の明確な差異が存在した．そうして，結婚した男女は，女性は「寿退社」といわれて会社を退社して家庭に入り，男性は一家の稼ぎ手として企業戦士になっていった．

日本社会における近代家族は，高度経済成長期に一般的なものとなった．そこで，「幸せな家庭」が形成され，家族とは幸せなものであるとされるようになったのである．

女性の変化　専業主婦となり，家事と育児に専念していた女性たちは，1980年代に入りライフサイクルの変化を経験する．平均寿命の延長により，育児を終えたのちにも多くの時間が残るようになった．女性たちは，育児と家事にだけ専念していたのでは，子どもたちの成長後の時間の過ごし方に疑問をもつようになった．子どもたちの成長後の夫婦2人の暮らしが，「エンプティ・ネスト」とも称されたのである．

女性たちの高学歴化も進み，男性と同じ程度の学歴をもちながら，女性が社

会から期待される労働力としては，若年で短期なものとされていた．しかし，専業主婦となって家庭にとどまっていた女性たちは，「子どもの手がある程度離れるようになった」ことを条件に家庭の外へと目を向けるようになっていった．

1975年以降，既婚女性の就労率は上昇し続ける．パート・タイム労働という働き方が，既婚女性たちにとって都合のよい働き方として，また企業からの要請と相まって，「中断型」「M字型」といわれる日本女性特有の就労形態が登場してくるのである．

1980年代には，1985年の男女雇用機会均等法の成立にみられるように，女性たちと仕事のかかわり方が変化をみせてくる．性別役割分業についても「男は仕事，女は仕事も家庭も」と1993年の女性白書ではいわれるようになった．専業主婦という生き方だけに満足しない女性たちが増え，女性たちは家庭以外のさまざまな場所に活躍の場を求めていった．この頃は，そのような女性たちの変化にとまどう男性たちの姿がうかがえる．家族のためにと一生懸命に会社の仕事をしてきた夫に対し，定年退職を迎える日に離婚を切り出す妻の存在は，男性たちに大きなショックを与えたのである．

性別役割分業は，近代という時代に適合し，日本の社会と家族における男女の在り方を規定し，高度経済成長期に近代家族を花開かせたのである．

結婚しなくても……

現在日本社会では，皆婚社会の崩壊がいわれて久しい．晩婚化がいわれ，平均初婚年齢は上昇を続けており，2005年の時点でも男性31.14歳，女性29.42歳である．生涯未婚率も急激に上昇している．しかし，2005年の独身者への調査によると，「いずれ結婚するつもり」と答える18歳から34歳の未婚者は男性87.0％，女性90.0％と，約9割の未婚の男女が結婚を自分のライフコースに考えている．

その一方で，「結婚はするべきか」という問いに関しては，2009年の朝日新

聞の国民意識調査では,「できるだけ結婚するべきだ」と答えた人は52%,「必ずしも結婚しなくてもよい」が44%という結果がでた．年代別には,「必ずしも結婚しなくてもよい」という答えが20代では61%，30代では62%であった．

「結婚のメリットはあるか」という問いに対しては，20代から30代では男性女性とも「そうは思わない」という答えが半数を超えたという．

1980年代後半から，結婚が選択肢のひとつになった．それ以前の高度経済成長期の日本社会にあっては，男女ともに結婚をしない生き方はごく少数派のものであった．また，社会的な評価としても「結婚してこそ一人前」といわれていたのである．

これは，社会全体に性別による役割分業が成立していたので，男女は結婚することにより，生活が可能となっていたのである．家族に収入をもたらし，経済的に役割を果たす夫と，家庭内にあって家事・育児を担当する妻により家族は支えられていた．男女ともそれ以外の生き方は一般的ではなく，少数派の存在となることは個人にとっては，決して生きやすいものではなかった．

結婚することが当たり前であり，当然結婚するべきだ，と考える人びとが大多数を占め，また，明確な性別役割分業は，男女の在り方を固定させると同時に安定させてもいた．戦後日本の家族はもっとも安定した，といわれるゆえんである．

結婚については，当事者も親や親せき，会社の上司その他周囲の人びとも，適齢期の男女は結婚すべきと考え，若い人たちの結婚に積極的にかかわっていた．彼らは結婚を想定した環境のなかに置かれているのであるから,「婚活」などしなくても結婚へと進んでいったのである．

男女の役割分担が少なくとも意識の上では，役割は性別により決めるものではないということになった現在は，結婚にメリットがあるかも考慮の余地があり，結婚しない生き方も容易に選択でき，社会も結婚か否かということにより人を判断することが少なくなっている．このような状況のなか,「結婚しなくても……」と考える若者が半数を超える状況が生まれている．

第 7 章　性別役割分業と家事労働　119

夫婦は同じくらい稼ぐべき

　同じ朝日新聞の調査によると，夫婦の役割として「夫婦が同等に担うべきだ」と考えているのは，「家事」については46％であり，「生活費稼ぎ」については35％がそのように考えている．男性に対して「自分の妻には専業主婦でいてほしいと思うか」という問いには53％が「そうは思わない」と回答している．

　現実的には，専業主婦世帯の割合は減少しており，1990年ころから専業主婦世帯（男性雇用者と無業の妻からなる世帯）と共働き世帯はほぼ同数となっており，2000年以降は専業主婦世帯は減少の傾向にある．

　女性たちも，結婚後・出産後も仕事を続けるいわゆる「両立型」の働き方を望む声は多く，2005年の時点でも30.3％の未婚女性が，理想のライフコースとして「両立」をあげている．「再就職」を理想とするものが，33.3％と拮抗してきている．男性に関しても，理想とする女性のライフコースについて「専業主婦」とするものは12.5％であり，「両立」28.2％，「再就職」38.7％である．

　このように，性別役割分業観は意識の上では大きく変化しており，「男は仕事をし，女は家庭を守るべき」と考えている人びとは減少してきている．家事や育児を夫婦がともに行ない，さらには経済的にも夫婦は同じくらいに役割を担うべきと考えられている．これは，近年の経済状況や産業構造の変化が理由として考えられる．日本型雇用といわれた終身雇用，年功序列が崩壊し，男性の収入が生涯にわたって増え続けるとはいえなくなった状況にあって，妻が専業主婦でいることが理想とはされなくなったのである．

　日本社会において性別役割分業に基づく男女の関係は，男性の収入が上昇し続けるという前提の上に成り立っていたといえる．男性のみが「稼ぎ手」としての役割をもち，女性には経済的な期待はしないという夫婦の在り方は，その前提が崩れると成立しなくなるのである．

　人口減少も含めた社会の少子高齢化は，女性労働力への期待を高める．男女共同参画社会とは，男女は平等であるが，したがってともに同じように責任ももつ社会である．20世紀の終わりの1999年に，「男女共同参画社会基本法」を

成立させなければならなかった日本社会の実情である．

しかし，現実の生活をみてみると，第1子出産後に正規雇用で働いている女性は，2005年でも18.6％と非常に少なく，理想と現実のギャップは大きい．さらに，日本の男性の家事・育児時間は世界に冠たる少なさで，平成18年の厚生労働白書においても，6歳未満の子どものいる家庭において，男性の家事関連時間は1日48分（うち育児時間25分）である．

このような現実のなかで，夫婦が同等に稼ぎ，家事・育児も同じように分担して行なうことは，やはり困難であるといわざるをえない．このような実態のなか，日本の男女は結婚し，家族を作ることをどのように考えていったらよいのだろうか．

家事労働は誰の手に

私たちは生きていくために，仕事をして稼ぐことも必要であるが，それと同時に食事の支度をしたり，掃除や洗濯をして生活していくことも必要なことである．20世紀後半の日本社会では，そこの部分が性別により明確に分業が決まっていた．さらに，もっぱら女性が担当した家庭内における家事労働は，アンペイド・ワークといわれ，愛情とのかかわりのなかで「女らしさ」の表現ともされてきた．

性別役割分業に対する意識が変化し，「男は仕事，女は家庭」という構図が成立しなくなっているのは事実である．しかし，その一方で男性が家事・育児をする時間が増えていないということも事実である．このような現実のなかで，人が生きていく上で必要な生活力である家事労働が，「支払われない労働」であるとしたら誰が担当していくのであろうか．

家事労働は，創造的なものであり，決して外での仕事に劣るものではなく，また嫌なことでもない．衣食住といった生活を自分らしく創っていくことが，これからの豊かさにもつながっていく．それは，男女がともに行なっていくべきものでもある．しかし，家事労働は技術を必要とし，責任も伴うものである．

性別役割分業が成立しない社会にむかっているが、性別という非常にわかりやすい区別ではなく、個人を中心に考えた分担を行なっていくためには、私たちは現在いわゆる過渡期にあると考えられる。このような時期には混乱が生じやすく、誰も家事労働を担わないということにもなりかねない。そのためには、ゆるやかな性別役割分業という段階もありうるとは思うが、個人化した社会のなかで、どのように男女がかかわりあいをもっていくかを考えるべき時にある。

参考文献

広田照幸（1999）『日本人のしつけは衰退したか』講談社現代新書
本田由紀編（2004）『女性の就業と親子関係』勁草書房
熊沢　誠（2000）『女性労働と企業社会』岩波書店
木本喜美子（2003）『女性労働とマネジメント』勁草書房
落合恵美子（2004）『21世紀家族へ』有斐閣
小山　静子（1991）『良妻賢母という規範』勁草書房
清水浩昭・森謙二・岩上真珠・山田昌弘（2004）『家族革命』弘文堂
多賀　太（2006）『男らしさの社会学』世界思想社
山田昌弘（1996）『近代家族のゆくえ―家族と愛情のパラドックス』新曜社
山田昌弘（1999）『家族のリストラクチャリング』新曜社
山田昌弘（2001）『家族というリスク』勁草書房

第8章 「ドメスティック・バイオレンス」と家族

年表

1945年	女性の国政参加が認められる
1970年代	日本においては，婦人相談所に「夫からの暴力」の問題が寄せられ，被害女性援助のための施設の開設が要望されていた
1976年	「国連女性の10年」が始まる
1979年	国連総会において「女子に対するあらゆる形態の差別の撤廃に関する条約（女性差別撤廃条約）」が採択される
1985年	横浜市に外国籍女性のためのシェルター「ミカエラ寮」が開設される．「女性差別撤廃条約」に日本が批准
1986年	「雇用機会均等法」の施行
1992年	「夫（恋人）からの暴力調査研究会」の調査
1993年	国連で「女性に対する暴力の撤廃に関する宣言」が採択される
1994年	高等学校の男女家庭科共修
1995年	第4回世界女性会議（北京会議）が開催される
1999年	「男女共同参画基本法」施行．「雇用機会均等法」改正
2000年	「配偶者からの暴力の防止及び被害者の保護に関する法律」の制定，施行
2007年	「配偶者からの暴力の防止及び被害者の保護に関する法律」の最終改正

キーターム

ドメスティック・バイオレンス（domestic violence）　夫婦・恋人など親しい間柄の主に男性から女性に対して振るわれる暴力．日本では，1992年，「夫（恋人）からの暴力」調査研究会が行なった調査で，問題提起がなされた．その後，民間女性団体などがさらなる被害調査を行ない実態が明らかになるなか，1998年東京都が自治体として最初の出現率調査を行なった．

シェルター（shelter）　主として民間団体が運営する緊急一時保護施設．1985年，キリスト教団体が横浜市に開いた外国人女性のための保護施設が最初のシェルターとされる．生命の安全のため施設の所在地や連絡先は公にされていない所がほとんどである．「配偶者暴力相談支援センター」や福祉事務所の相談窓口などを通して紹介される場合が多い．子どもを同伴して入ることができる場合が多い．シェルターに滞在できる期間は限られているため，ステップハウスと呼ばれる移行のための施設に移り，生活再建の準備を行なうこともある．

親指の法理（rule of thumb）　イギリス・アメリカでは「親指の法理」による夫の権利として，親指よりも細い道具を用いるのであれば，妻を殴打することが長い間認められていた．この法理はローマ法に由来するもので，アメリカでは，1800年代の後半にいくつかの州で妻に対する殴打を罰する刑が設けられたが，その後，20世紀半ばになるまで，社会はこの問題に対しては真剣な対応がなされなかった．

🔗 「ドメスティック・バイオレンス」とは？

　本書の読者であるみなさんは，すでに「ドメスティック・バイオレンス（domestic violence：略してDV）」という言葉について聞いたことがあるだろう．1970年代，イギリスやアメリカで使われるようになったこの言葉は，「親しい間柄で振るわれる暴力」という意味で，日本では1990年代後半に広く知られるようになった．

　しかし，夫婦や恋人など親しい関係の男女の間では，どの国でもどの時代でも暴力沙汰は起きていた．18世紀の英国ロンドンで，知識人・作家として知られていたメアリー・ウルストンクラフト（Mary Wollstonecraft）という女性は，酒を飲んでは暴れる父親のもとで育ったといわれている．

　日本でも明治から大正時代，「矯風会」という廃娼運動団体で社会改良運動に取り組んだ矢嶋楫子という女性教育者は，夫の暴力に悩んでいたことが活動のきっかけであると伝えられている．少し古い映画になるが，デカプリオが主演した『タイタニック』という映画では，船のなかで知り合い恋におちた女性が，彼女の婚約者から船室で殴られているという場面があった．イギリスやアメリカでは，「親指の法理」といって男性は親指の太さ以下であれば妻を鞭打ってもよいという法律があった時代のことである．

　このように，いつの時代にも起きていたことが，20世紀の後半になって社会の関心を得るようになった背景には何があるのだろうか？　また，なぜ「親しい間柄」なのに暴力が起きるのだろうか？　本章では，これらの疑問について，実際に暴力を受けた女性たちの言葉に耳を傾けながら考えたいと思う．

　　注：ここで取り上げる被害の語りは，千葉県の委託により平成14年に行なった『女性への暴力実態調査（面接調査編）報告書』（高井，堀，2004）に記載されているものに若干の修正を加え使わせていただいた．

🔗 「ドメスティック・バイオレンス」という「社会問題」

　ここでは，夫婦や恋人同士など親しい間柄の男女の間で起きていた「殴る」，

「蹴る」などの行為が,「ドメスティック・バイオレンス」という呼び名で私たちの関心を集めるようになった経緯について考えてみよう.

私たちの社会では,いつも数え切れないほどの問題が起きている.そのなかのどれが「社会問題」なのかという問題は,実はむずかしい問題である.まず,社会のルールからはずれた行為が社会問題だという考えかたがある.夜中に走りまわる暴走バイクの若者たちは,「夜は静かに」というルールから逸脱した行為だから,これを「問題」だとする考え方である.しかし,それは,昼間働き夜は休むという生活をしている人びとの間に共有されている価値観であり,車の数が少ない夜中の道路は,若者たちが若さを発散できる唯一の娯楽の場かもしれない.暴走行為を弁護するわけではないが,規範とは多くの場合,社会におけるどのグループに属しているかで異なってくるのである.

そこで,キッセ(Kisse)とスペクター(Specter)という2人の社会学者は,社会問題を次のように考えた.彼らによれば,社会問題とは,ある集団に属している人びとが,ある行為について行なう異議申し立て活動だという.私たちの社会では,さまざまな立場の人が,それぞれの立場から問題提起を行なっているが,社会問題は,そのような人びとの活動によって構築されたものということになる(Kisse & Specter, 1986).

暴力を語り始めた女性たち　このような立場で「ドメスティック・バイオレンス」を考えると,次のようなことがわかってくる.「ドメスティック・バイオレンス」という言葉があらわれるまで,男女の間に起きる暴力的な行為は,単なる「夫婦げんか」,あるいは「痴話げんか」と考えられていた.

暴力の原因は,女性が男性の意に沿わないことをするから,あるいは,男性の酒癖が悪いから,教育レベルが低いから,貧しい家庭だからと,考えられていたから,教育レベルが高く社会から尊敬される職業についている男性が妻を殴ることなどあり得ない,つまり,「普通」の夫婦ではそのようなことは起きないと考えられていた(高井, 2000b).

暴力は「普通ではない」男女関係や夫婦に起きるものだという認識が広まっ

ていれば，自分の家でそのようなことが起きたとしても，恥ずかしくて人にはいえないだろう．また，「普通ではない」家族にしか起きない特殊な問題であれば，それは個人的な問題であり，社会が取り組む問題ではないと考えられていたのである．

しかし，1970年代，アメリカ・イギリスで始まった女性運動のなかで，多くの女性たちが，それまで家族の問題として隠していた「夫の暴力」の問題を，他者の前で語るようになった．小さなグループでお互いの経験を語るこの活動は「コンシャスネス・レイジング（CR）」と呼ばれ，イギリスやアメリカなどで広がりをみせた．

自分の経験を語るだけではなく他の女性の経験をも聞く活動のなかで，女性たちは，自分の家族にだけ起きている問題だと思っていたことが，実は他の女性も経験していたことを知る．それまで，「個人的な問題」とされていた家族の問題が，社会における男女の地位や役割と結びついた問題であり，男女の力関係を反映した「政治的な問題」であると気づいたのである．

ところで，女性がいつごろ選挙権を獲得したか知っているだろうか？　日本では第2次世界大戦後の1945年，アメリカでは1920年である．ようやく政治に参加する権利を得たにもかかわらず，日本の女性国会議員はまだわずかである．仕事の場ではどうだろう．事務や販売職，パートタイマーに女性は進出しているが，企業や役所を動かす中枢に女性の管理職は少ない．つまり，政治，職業，教育など公的な領域の中心は男性が占めており，女性は依然として周縁に位置する少数派である．このような社会構造では，家族の問題や女性問題に男性の関心を向けさせるには，長い時間がかかったのである．

そのような状況のなかで，「ドメスティック・バイオレンス」という問題があることを知った女性たちは，さまざまな方法でこの問題に取り組み始めた．彼女たちは，男性に助けを求めるのではなく，女性同士が助け合うという取り組みをスタートさせた．女性同士が連帯することを「シスターフッド」と呼ぶが，被害にあったことがない女性も，また，被害にあった苦しみを乗り越えた

女性も，姉妹のように力を出し合い社会に働きかけたのである．

「シェルター」は，そのような活動のひとつで，暴力を振るわれ家を出た女性が逃げ込み安心して過ごすことができるようサポートをする施設である．イギリスの最初のシェルターは，学校に通う子どもたちへの無料ミルク配給制度が廃止されることに反対する女性たちの活動事務所にひとりの女性が駆け込んできたことから始まったといわれている（Dobash, R.E. & Dobash, R.R., 1992）．

日本では，1985年，神奈川県に最初のシェルターが開かれ，その後，現在に至るまで公的なシェルター，民間のシェルターが開設されてきた．当初，偶然の成り行きで被害女性を自宅や事務所に宿泊させたことが，その後，シェルターを開くきっかけになったという例が多い．

また，1995年，北京で開かれた「世界女性会議」では，「女性に対する暴力（Violence against Women：VAW）」が大きな問題として議論され，特に「ドメスティック・バイオレンス」根絶への取り組みを進めることが参加各国の課題となった．この時，世界各地から集まった民間のシェルター関係者たちとの情報交換が日本のシェルター運動を活発化させた（高井，2000a）．

理論の構築　社会学者や心理学者，民間の女性団体などによる研究も始まった．被害の実態調査や，学問的な理論構築は，「ドメスティック・バイオレンス」が重大な社会問題であると訴える異議申し立て運動の根拠形成のプロセスである（高井，2000b）．

ここでは，暴力への理解を深める貢献をした理論や概念をいくつか紹介しよう．

①　暴力のサイクル：私が悪いのかもしれない？

たとえば，なぜ暴力を受けている女性は男性との生活を続けているのか？という疑問に対して，レノア・ウオーカー（Lenore Walker）という女性心理学者は，女性たちが「暴力のサイクル」という現象を経験していることに気づいた．これは，2人の間に生じた緊張が男性からの激しい暴力となって現れ，また元の状態に戻るまでのプロセスを説明したものである（図8-1）．

緊張の蓄積期　　暴力爆発期

ハネムーン期

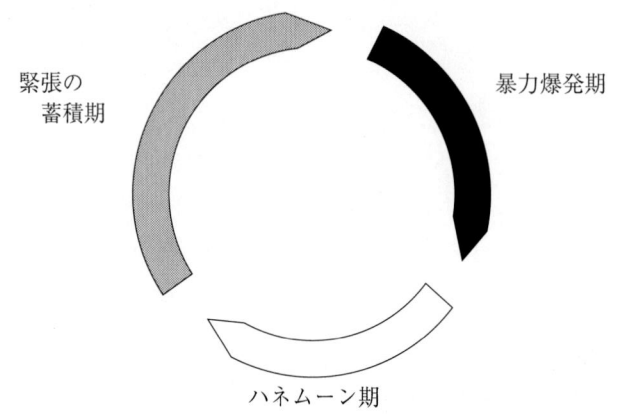

出所）図5-1，5-2とも「夫（恋人）からの暴力」調査研究会編（1998）ドメスティック・バイオレンス．有斐閣

図8-1　暴力のサイクル

　2人の間に生じた何らかのできごとが緊張をもたらす段階（緊張期）から，その緊張が高まって激しい暴力に変わるステージ（暴力発現期），そして暴力が振るわれた後，加害者はかつて愛し合っていた頃のように優しく愛情的な表現で女性との関係を修正しようとする（ハネムーン期）．暴力を受けた女性たちの多くは，暴力に驚きながらも，自分がなぜそのような暴力を受けたのか，あるいはなぜ相手がそのように変化してしまったのかについて，納得がいくように考えようとする．優しく謝罪する夫や恋人の姿を前にすれば，もしかすると自分にも非があったのではないかと考えるのである．

　ここで，筆者が行なった調査に協力してくれた女性の話を参考にしながら，女性たちが最初の暴力をどのように解釈したかについて考えてみよう．
　次の女性は，結婚後すぐに暴力をふるわれた．

　……最初は，何かにちょっと口答えしたか何かして始まったんです．殴られるとか，頭を柱に打ち付けられるとか，首を絞められるとか．結婚前には口げ

んかになることはありましたけれども，そういうことはなかったです．もしかしたら，（暴力は）今だけで，この先良くなるんじゃないかなんていう希望もあったので，誰にも相談しないでいたんです．不安でしたけれども，まだそのころは愛情があったので，きっと一時的なものだろうとか，自分が悪いんだろうとか，自分の態度次第で変わるんじゃないかとか，そういうふうに自分に都合のいいように考えていましたから．（略）暴力が収まるときには急に変わるんです．すごく怒って何か物を投げたり，バンバンとドアを閉めたり，人に危害を加えたり．でも，次の朝起きたら，何もなかったようにもう忘れてしまう．今度はすごく優しくなるんですよね．『ああ，じゃあ洗濯物を入れてあげよう』とか，『今日は大変だろうから，スキヤキなら（材料を）切ってくれれば俺がやるから』とかすごく優しくなる．最初は，いい面だけがクローズアップされていたので，別れるという風には思えなかったんです……．

　この女性は，結婚後すぐに受けた暴力に驚きながらも，暴力の原因は自分にあるのだろうと考え，自分が変われば彼も変わるだろうと考えている．また，暴力のあとの彼の優しさと自分のなかにある愛情が，別れるという気持ちにならなかった理由だと述べている．
　②　なぜ逃げない？
　暴力を受けながら，加害者から逃げようとしないかのようにみえる女性も多い．ひどい暴力を受けているにもかかわらず，男性から離れようとしないかのようにみえる女性の行動について「学習性無力感」という概念を応用した説明がある．「学習性無力感」とは，何度も試みたことが失敗に終わると自分は無力だと思い込み，次にチャンスがあっても再度試みることはしなくなるという心理状態のことである．
　暴力的な状況から逃れようとしたにもかかわらず，連れ戻されたり，経済的な不安があってもとの生活に戻らざるを得ない場合，そこから逃れることはあきらめ，別な方法で夫や夫との生活に折り合いをつけようとする女性たちも多

い．

　次の女性の言葉からは，別れたいと思っているにもかかわらず，つきまとわれるのではないかという不安や仕事の事情などから離婚に踏み切れない様子がわかる．

　……離婚をしようと思ったことは何度もあります．主人が仕事に行かない，女のところから帰って来ないときに，私は，「もう離婚してくれ」っていいました．その時すでに暴力を一回振るわれているので．彼は土下座して謝って「もう絶対浮気もしなければ，仕事もまじめに行く．暴力もふるわない」と約束したので，思いとどまったんですけど．やっぱりすごくて．治らなくて．最近，離婚をまた考えています．でも，皆はストーカーみたいにそばに寄ってくるというんですよ．何をするかわからない．私もこっちで仕事をやっているので町から出たくない．やっぱり子どももいるし，生活のこととかあって，離婚はしたくても現状は今すぐはできない．実家にも多分迷惑がかかると思いますよ．開き直ったらもうすごいから．実家の場所も知っているし，親族の家はどこに行っても来るかもしれない．

　女性が暴力的な状況から逃れようとすれば，住まいや仕事，子どもの学校も変えなければならない．幼い子どもがいる場合や，年齢が高い女性には，職業に就き自活することは新たな困難となり，一歩を踏み出すには高い障壁となる．また，暴力から逃れるために家を出ても，行く場所がなく，男性にみつかって連れ戻され，その後により激しい暴力を受けることも多いのである．

　③　暴力の種類：パワーとコントロールの車輪
　殴る，蹴るという身体的暴力の他にも，苦痛を伴う状況に置かれて女性が多いこともわかってきた．アメリカの女性支援団体が作った次の図（図8-2）

第8章 「ドメスティック・バイオレンス」と家族　131

では，女性に対する暴力経験を，車輪に見立てた図で表現している．

　中心には車輪を動かす動力，外側に車輪が描かれている．女性に対する暴力の背景には，社会における女性の地位の低さ，つまり，男性優位の社会構造があり，そのことが暴力の車輪を動かしているという説明である．また，その力は車輪の軸を伝わるとき，直接的な暴力ではないが，女性を服従させるさまざまな形態の暴力として経験されている．たとえば，大声でどなりつけるなど心理的な暴力，男性の経済的な優位性を道具にして女性を従わせるなどの経済的な暴力，子どもやペットに対する虐待，友人や親せき，職場など女性がもっている社会的関係を断ち切り孤立化させる（社会的隔離）などが起きることもある．そして，もっとも大きな力で女性をコントロールするのが身体的暴力なのである．

　「パワーとコントロールの車輪」の日本版もある．1998年，日本で行なわれた調査では，「家制度」が暴力の背景にあるという指摘がなされた（図8-3）．

図8-2　パワーとコントロールの車輪

出所）ミネソタ州ドゥールズ市ドメスティック・バイオレンス介入プロジェクトが作成したものをもとに加筆修正された図（「夫（恋人）からの暴力」調査研究会，1999年, p.15）を引用

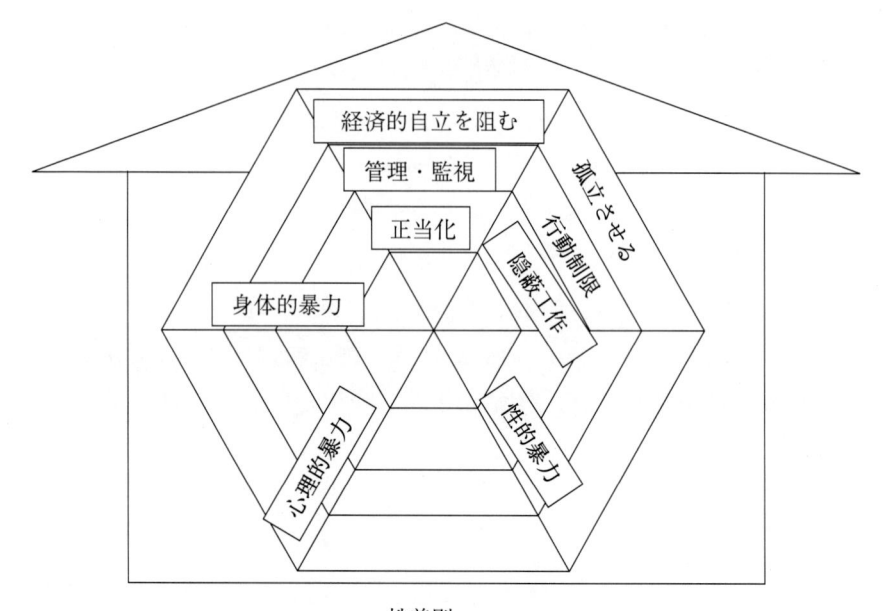

図8-3 「家」にはりめぐらされたクモの巣のような夫や恋人の暴力

出所）吉浜美恵子，ゆのまえ知子（2000）『日本人女性を対象としたドメスティック・バイオレンスの実態調査～日本人女性の経験から暴力の本質と根絶のためのビジョンを探る～』シェルター・DV問題調査研究会議，103ページ

「家制度」とは，明治から第2次世界大戦が終わるまでの日本の家族制度で，家長である男性と家長を引き継ぐ長男が家や財産の継承に関わる権利や権限，家族員に対する保護責任を担うという家族制度である．

この制度のもとでは，他家から嫁として入った女性は，家長の決定や指示に従うことが求められていた．当時，女性には選挙権がなかっただけではなく，結婚前は父親，結婚後は夫や夫の父，老いては，家長を継いだ自分の息子に従うことが女性の一生とされていた．子どもは夫婦のものというよりは「家」に属するものであり，離婚が成立しても母親が子どもを引き取ることは困難であった．

このような制度は，現在もまだ人びとの意識や生活のなかに通念として残っ

ている，と吉浜とゆのまえは指摘する．たとえば，離婚をするなら子どもを家に置いて出るように要求されたり，結婚に際して女性が男性の籍に入る，あるいは女性が姓を変えるなどの慣習があることが，離婚をしにくくしているという（吉浜＆ゆのまえ，2000）．

次の女性は，東京近郊のある地域での性差別的な慣習について語っている．

……その地域では，結婚披露宴にもご近所の方を呼びますし，子どもが生まれたときにも（夫の親の）田舎に帰って初節句をするんです．で，子どもを産んだ母親は（祝いの）部屋に入れないんです．誰がいるのかといったら近所の人たちなんです．本当にびっくりしました．でも，私の場合は男の子を産んだということで，まだ，いじめは少なかったです．嫁は下，女は下というのが当たり前で，私がそういうところで「えっ」って疑問をはさむだけで，暴力が始まりました．

「ドメスティック・バイオレンス」と家族

「ドメスティック・バイオレンス」という用語は，結婚した男女の間に起きる暴力だけではなく，未婚の男女の間に起きる暴力にも用いられるのだが，ここでは，夫婦に起きる暴力に焦点をあてながら，ジェンダー（社会的歴史的に構築されてきた性の区分）が私たちの家族観にどのように組み込まれているか，またそのことと「ドメスティック・バイオレンス」とのかかわりについて考えてみよう．

家族観の変容 まだ若い皆さんにとって「家族」とはどのような存在だろうか．皆さんの多くは，家族という言葉から「愛情」，「やすらぎ」など暖かな人間関係でつながれた人びとの顔を思い浮かべるのだろうか．しかし一方で，親子や夫婦，きょうだいの間で起きる葛藤や軋轢があることも事実である．

バージェス（Burgess）とロック（Locke）は，「制度から友愛へ」という表

現で結婚という男女の結びつきと家族のありかたの変容を説明した．制度としての結婚とは，家や家業の継承を目的として女性との結婚が進められていた時代の結婚制度のことである．日本でも，結婚とは家と家の結び付きであり，夫婦となる男女間における愛情の有無は重要な問題とはみなされていなかった．「ロマンティック・ラブ」を前提とする恋愛の帰結としての恋愛結婚が主流となり，愛情が重要視されるようになったのはつい最近のことなのである．

このように考えると，「ドメスティック・バイオレンス」が社会問題となった背景には，「夫婦や家族は愛情によって結ばれるべきもの」という価値観が社会で広く共有されたことと関係があるといえるだろう．上野加代子は児童虐待の顕在化について同様のことを述べているが，夫婦や親子間には愛情があって当然という認識が広まったからこそ，「愛情」という概念と対立する「暴力」が否定され，夫婦や親子間に起きる暴力が問題視されるようになったと考えられる（上野，1997）．

一方，「愛情で結ばれた家族」という家族観は，家族間の暴力を自分たちで回避しようと奮闘する女性の側の態度や行動になって現れる．恋愛が結婚の前提となる結婚を「個人主義の結婚」とすると，個人主義の結婚は，当事者である男性と女性が自分たちの判断と責任で相手を選択する結婚である．この結婚観は，家族の問題は自分たちで解決するもの，結婚は困難を2人で乗り越えるものという規範となって女性たちの生活を規定している（高井，2004）．

しかしながら，私たちの社会では，男性は公的な領域，女性は私的な領域という性別役割分業が根づいている．家族の領域は女性の責任とされ，家族は夫婦で作り上げるものという理念と矛盾する形で，女性たちは家族に起きる暴力を自分の力で乗り越えねばならないと感じる．

目黒依子は，家族成員間の関係の調整が主婦の役割と論じた（目黒，1987）．「結婚には困難がつきものだから自分でなんとかしようと思った」，「離婚したあとにできた私の家族だから今度こそは家族を守りたかった」など，被害女性が語る言葉は，自分たちの家族に起きた問題をひとりで解決しようと孤軍奮闘

する彼女たちの姿と重なる．

支配と服従の構造：生活問題と暴力　男女が生活を共にし始める，あるいは生活を共にしていなくても非常に近しい関係になると，気持ちのうえでも生活の場においても，相手の存在がとても気になり，ときには疎ましく思うこともあるかもしれない．そのような状況では，ささいなことで緊張が生まれるが，相手への思いやりや歩み寄りによってお互いにその緊張を解く努力ができれば，暴力には至らないはずである．

しかし，どちらかが自分の生活や考え方は変えたくない，変えるのは嫌だと感じると，相手が変わらない限り緊張は増す．相手を自分の思う通りにしようとすること，つまり「優越的な地位に立つことによって，他の人間の行動を継続的かつ効果的に規定し，そこに従属関係を成り立たせる」ことを「支配」というが，暴力は，相手の抵抗を排除し相手を支配するための手段となる．

「ドメスティック・バイオレンス」が起きる背景に，男性が生活のなかにさまざまな生活問題をもち込んでいる場合がある．たとえば，「過度の飲酒」，「浪費や借金」，「浮気」という生活問題は，家族の生活を脅かす重大な問題となり，家族の生活を圧迫する．

家族に対する責任を役割とする女性たちがこの問題に立ち向かい男性に改善を求めるとき，生活を変えたくないと感じる男性は女性の異議申し立てを排除し，言葉を封じ込めるかのように暴力を振るっているのである．

私たちの社会のジェンダー化された価値観は，男性の飲酒や金づかい，異性問題に対しては大目にみる．男性に甘く女性に厳しいダブル・スタンダード（二重基準）の存在，女性に家族の調整やケアを振りわける性役割観，女性の訴えを封じ込める支配と服従の手段としての暴力という意味で，「ドメスティック・バイオレンス」は，三重にジェンダー化され，男性優位の社会構造が反映された問題なのである（高井，2004）．

🔗 ドメスティック・バイオレンス防止法

　最後に,「ドメスティック・バイオレンス」被害者への援助資源のひとつである「配偶者からの暴力の防止及び被害者の保護に関する法律（略称改正DV防止法）」について触れておこう．この法律は2001年4月に公布され，同年10月に施行された．（同法に規定された「配偶者暴力相談支援センター等についての規定」は翌年2002年4月に施行）．その後，2004年の改正を経て2007年最終改正がなされた．

　この法律の主要な柱は，次の3つである．

　1）配偶者暴力相談支援センターの設置：各都道府県ならびに市町村によって設置される施設で，主として，①被害者の相談あるいは他の相談機関の紹介，②被害者とその同伴家族の緊急一時保護，③住宅や就業など自立した生活促進のための情報提供，④保護命令制度の利用に関する情報提供，⑤シェルターなど保護施設との連携ならびに被害者への情報提供を行なう．

　2）保護命令：保護命令は，①配偶者あるいは元配偶者から身体的暴力や生命を脅かす脅迫を受けた場合，命令の効力が発せられてから6ヵ月間，加害者が被害者の住居（配偶者と共に生活の本拠としている場所は除く），職場，未成年の子どもの学校，親族の住居や職場などを徘徊したりつきまとうなどの接近行為を禁止する，②被害者と共に生活の本拠としている住居から2ヵ月間退去することを命じる，③面会の要求，脅しや監視，メールやファックスを送付すること，名誉を傷つける行為を禁じる．

　3）発見者による通報に関する規定：①配偶者からの身体的暴力を発見した場合は，「配偶者暴力相談支援センター」あるいは警察へ通報すること，②医療業務従事者が発見し通報する場合は守秘義務違反にはならないこと，また，本人の意思を尊重すること，③警察はすみやかに被害を制止すること，④警察や医療従事者は，配偶者暴力相談支援センターなどに関する情報を提供するよう努めることが定められている．

　また，この法律は当初の被害者の定義を拡大し，結婚している被害者だけで

はなく離婚後も身体的暴力を受けたり，生命に関する脅迫を受けている被害者，事実婚の被害者，また被害者が同伴する未成年の子ども保護の対象としている．

参考文献

Dobash, R. E. & Dobash, R. R.(1992) *Women, Violence and Social Change*, Routledge, London and New York.
Kisse, J. I. & Specter, M. B. (1987) *Constructing Social Problems*, Aldine de Gruyter, New York.
目黒依子（1997）『個人化する家族』勁草書房
高井葉子（2000a）「シェルター設立の経緯」『シェルターにおける援助に関する実態調査~問題解決の主体としての女性をとりまく社会資源とシェルターが行なう援助を考察する~』シェルター・DV問題調査研究会議, 68-81
──── (2000b)「ドメスティック・バイオレンスの社会問題化とジェンダー・エシックス」『ジェンダー・エシックスと社会福祉』杉本貴代栄編著，ミネルヴァ書房, 113-135
──── (2003)「「ドメスティック・バイオレンス」」と夫婦関係」土屋　葉編『これからの家族関係学』角川書店, 103-133
高井葉子・堀千鶴子（2004）『平成13年度「女性への暴力実態調査」（面接調査編）』千葉県DV研究会
夫（恋人）からの暴力調査研究会編（1998）『ドメスティック・バイオレンス』有斐閣
上野加代子（1996）『児童虐待の社会学』世界思想社
吉浜美恵子，ゆのまえ知子（2000）『日本人女性を対象としたドメスティック・バイオレンスの実態調査~日本人女性の経験から暴力の本質と根絶のためのビジョンを探る~』シェルター・DV問題調査研究会議
Walker, L. (1979) *The Battered Women*, Harper & Row.

第9章　生殖の技術と家族

授かった命　悩む告知 ——夫以外の精子で人工授精

　「他人から精子の提供を受ける人工授精（AID）は60年以上実施されているが，生まれた子や提供された親らが抱える悩みは長らく明らかではなかった．最近，思いを語る当事者が徐々に増え，3月には「第三者の関わる生殖技術について考える会」を立ち上げた．子どもへの告知をどうするかが当面の課題だ」．（朝日新聞東京本社版，2010年5月22日）

　朝日新聞の記事はこう伝える．自分がAIDによって生まれたことを知った女性（30）は7年前にそのことを知った．ショックを受けたが小さい頃から何となく違和感を感じており，やっぱりそうかとも思った．「私にはAIDが不妊を隠すための技術にみえる．親子は関係性でできるものなのに，見せかけ上の血縁家族であることを重視するあまり，一番大切な親子関係が損なわれてしまう．」

　子を授かった親の気持ちも複雑である．ある男性（46）夫妻はAIDなどの不妊治療を14年間続け，1年前にようやく男児を授かった．子どもに告知はしないつもりだったが，AIDで生まれた女性の話を聞き，そのことを知らずに成人したために苦しい思いをしていると知り，早い段階で告知しようと思うようになった．子どもが理解できる歳になったら「お父さんを助けてくれる人がいて，生まれたんだよ．でもお父さんたちはおまえのことを本当に待っていたんだよ」と話そうと思っている．

　この記事によると，AIDの実施数は減る傾向だが2007年にのべ1113人がAIDを受け，98人が生まれた．厚生労働省の審議会は03年，精子や卵子の提供を匿名を条件に認める一方，生まれた子どもが15歳になったら出自を知る権利を認めるという報告書を出した．

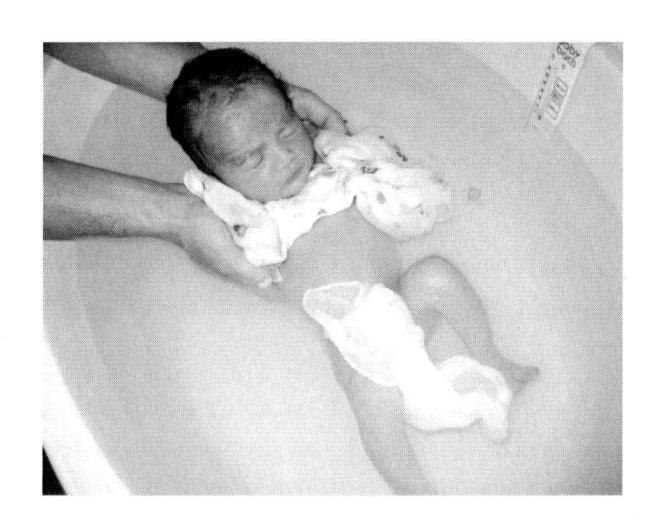

キーターム

生殖技術　子どもを生まない（生ませない）ための技術，不妊の状態の人たちが生む（生ませる）ための技術，生命の質を選別するための技術（柘植あづみ，1995）.
優生保護法　1948年成立.「優生上の見地から不良な子孫の出生を防止するとともに，母性の生命健康を保護することを目的とする」.
優生手術　「生殖腺を除去することなしに，生殖不能にする手術で命令をもって定めるものをいう」（優生保護法）.
母体保護法　1996年に優生保護法を一部改正することによって成立.「不妊手術及び人工妊娠中絶に関する事項を定めること等により，母体の生命健康を保護することを目的とする」.
人工妊娠中絶　「胎児が，母体外において，生命を保続することのできない時期に，人工的に，胎児及びその付属物を母体外に排出することをいう」（優生保護法及び母体保護法）.

はじめに　出生数と出生率——個人的な選択？

　2005（平成17）年の日本の合計特殊出生率は，これまでで最低の1.26を記録した．この数字に，あなたはどのような感慨を抱くであろうか．少子化の原因それ自体の考察については10章にゆずるが，ここではその指標である出生率や出生数の「率」あるいは「数」といった，数値に置き換えられた1つひとつの「出生」とその出発点である「生殖」という行為についてまず思いをめぐらせてみたい．戦後の出生率の減少にはどのような背景があったのか．また，それを可能にしたものは何か．そして，たとえば出生率が4.32から1.26になったことで「子ども」や「家族」に対する私たちの考え方がどう変わってくるのか．また，最近では少子化が伝えられるいっぽうで，子どもをつくりたくてもなかなか妊娠・出産に至らないカップルも増えているといわれる．そのような人びとは人工授精や体外受精といった生殖技術に頼ることがあるが，こうした新しい家族構成員をつくるテクノロジーは私たちの家族観にどのような変容をもたらしたのか．

　いま，生殖技術という言葉を使ったが，ふつう生殖技術というと，人工授精や体外受精など子どもをつくるために用いる技術が連想されることが多い．しかし生殖技術は，このような子どもをつくるための医療技術にかぎらず，柘植あづみの分類によれば以下の3つに分類される．すなわち，

① 生まない（生ませない）ための技術（避妊薬，避妊法，人工初期流産剤など）
② 不妊の状態の人たちが生む（生ませる）ための技術（人工授精，体外受精，顕微受精など）
③ 生命の質を選別するための技術（遺伝病遺伝子および染色体異常の有無を調べる羊水検査・（胎盤の）絨毛検査など）である．

　さらに本章では，上記の生殖技術に加えて人工妊娠中絶を含めて「生殖の技術」と呼びたい．そして以下では，そうした生殖の技術やそれをめぐる国家の政策の変遷と私たちの家族観との関係について，いくつかの素材をもとに考えてみたい．

結婚と出産のあいだ

　一般的にいって，結婚・妊娠・出産の3つの現象についてはこう考えられている．男女が出会って結婚し，そののちに2人の子どもを女性が妊娠し，やがて出産に至る，と．だが実際にはこの段階を順序よくたどるわけではないカップルもふえている．つまり，妊娠それ自体がきっかけで結婚にいたる場合である．厚生労働省の推計によれば，近年の出生状況をみると第一子出生までの父母の結婚期間は6ヵ月がピークとなっており，「結婚期間が妊娠期間より短い出生」（いわゆる「できちゃった結婚」による出生）が嫡出（法律上の婚姻関係にあるカップルの間の出生）第一子出生数に占める割合は2004（平成16）年で26.7％であり，結婚したカップルの間に生まれた最初の子どものうち4人に1人が「できちゃった結婚」の結果生まれたことになる．またこれは，母親の年齢別にみると1980（昭和55）年では「15〜19歳」で5割，「20〜24歳」で2割，25歳以降では1割に満たない割合であったが，2004（平成16）年には「15〜19」歳で8割，「20〜24歳」で6割，「25〜29歳」で2割，30歳以降で1割ということになり，年齢が若くなるほど「できちゃった結婚」が多く，かつてに比べ全体として割合も増えているという結果が算出されている（厚生労働省，平成17年度人口動態統計特殊報告「出生に関する統計」の概況より）．若い世代の結婚が「子どもができる」ことを契機として行なわれていることの理由の1つに，法的に婚姻関係にないカップルの子，すなわち非嫡出子（婚外子）が日本社会の規範のなかではなかなか認められないということが挙げられる．2004（平成16）年における非嫡出子の数は2万2,156人で，この年の出生数が約110万人なので，全体の約2.0％である．このように，欧米と比較した場合に日本では子どもが生まれる場合，その圧倒的多数が結婚（婚姻届けを出すこと）したカップルの子どもとして生まれていることが知られている．それはなぜだろうか．

　その謎をとくかぎは，民法にある．

　　第900条（法定相続分）　4項
　　　子，直系尊属又は兄弟姉妹が数人あるときは，各自の相続分は，相等し

いものとする．ただし，嫡出でない子の相続分は，嫡出である子の相続分の二分の一とし，父母の一方のみを同じくする兄弟姉妹の相続分は，父母の双方を同じくする兄弟姉妹の相続分の二分の一とする．

すなわち，嫡出子同士では男の子であっても女の子であっても，あるいは先に生まれたか後に生まれたかに関わりなく，少なくとも相続の点では平等である．だが，非嫡出子，すなわち父親と母親が婚姻届を出していない子どもの場合，嫡出である子どもの相続の2分の1しかもらえない．このことを非嫡出子に対する差別であると批判している人びともいる．ともあれ民法のこの条文が「子どもは婚姻届を出したカップルのあいだに生まれるべきだ」という考え方にひとつの強い根拠を与えているといえるだろう．だから，ひとまずここでは妊娠という出来事が婚姻という形式にひとつのきっかけを与えていることと，その傾向がとくに若い世代で顕著であることを押さえておこう（もちろん，人工妊娠中絶という選択も存在するがこのことは後述する）．

家族社会学の用語では，自分が育った家族を定位家族と呼び，自分自身の結婚によって始まる家族を生殖家族と呼ぶ．従来，生殖家族という場合は「結婚により結ばれた男女」が「子どもを生み育てる自分たちの代の新しい家族」をさしていたが，現代の若い世代では生殖それ自体が開始点になって新しい家族単位が生み出される傾向がある．最近では「避妊に失敗した」否定的なイメージの「できちゃった結婚」ではなく，「授かり婚」というおめでたさを強調する言葉も使われるようになった．

🔖 生殖をめぐる国策の変遷

もちろん，妊娠した未婚のカップルがすべて結婚や出産にいたるわけではない．子どもを生むことや生まないことは，妊娠・出産の当事者である女性自身と相手の男性の選択であるだろうし，場合によってはかれらをとりまく親族の選択であるかもしれない．そう考えると，冒頭で取り上げた出生率や出生数の1つひとつが，個々の女性，あるいは女性と男性，そしてその周囲の人びとが

かれらの意思で選び取った結果としてみることもできる．だが，個人もそれぞれの社会に属しており，それぞれの生きている時代や文化や制度や社会規範からの影響を強く受ける．子どもをつくるという一見，個人的でプライベートな選択にも国の政策による介入がしばしばあった．ここでは戦前期からさかのぼって，子どもを産むことと産まないことに対する国家の政策の変遷をみていこう．

　明治維新以降，日本は富国強兵策によって他の国との対抗政策をすすめてきたが，その一環として1880年に刑法堕胎罪が制定された．つまり，子どもを中絶することを禁じ，中絶にかかわった者と当事者である女性を罰する法律である．これによってまずは軍隊や産業をになう日本国民（男性），あるいはそれを支える家庭人（女性）の人口を増殖させる方針がとられたのである．刑法の「堕胎の罪」は1907年改正された後に現代に至っている（では，どうして現代では中絶が罰せられないのかについては後述）．これによって国民を量的に確保することをめざした国家が，太平洋戦争直前の1940年に制定したのは国民優生法であった．これはナチスの断種法にならって制定され，いわば人口の質的な管理を達成するものであったといえる．具体的には，「悪質な遺伝性疾患の素質を持つ者の増加防止」のための優生（不妊）手術の適用条項などがある．さらに，1941年に閣議決定された人口政策確立要綱には避妊の禁止が含まれ，「産めよ増やせよ」政策がさらに推進される．

　戦後，1948年に「優生上の見地から不良な子孫の出生を防止するとともに，母性の生命健康を保護することを目的」として優生保護法が制定され，国民優生法の考え方は継承されることになる．また，この優生保護法は単に優生思想によって国民の質的な統制を行なう以上の意味があった．すなわち，この法律では以下の場合に医師は本人や配偶者，または本人のみの同意を得て人工妊娠中絶を行なうことができた．

　　一　本人又は配偶者が精神病，精神薄弱，精神病質，遺伝性身体疾患又は遺伝性奇型を有しているもの

二　本人又は配偶者の四親等以内の血族関係にある者が遺伝性精神病，遺伝性精神薄弱，遺伝性精神病質，遺伝性身体疾患又は遺伝性奇型を有しているもの
三　本人又は配偶者がらい疾患に罹っているもの
四　妊娠の継続又は分娩が身体的又は経済的理由により母体の健康を著しく害するおそれのあるもの
五　暴行若しくは脅迫によって又は抵抗若しくは拒絶することができない間に姦淫されて妊娠したもの

　つまり，本人や配偶者や親族が精神病，精神薄弱（知的障害），遺伝性身体疾患，遺伝性奇型などに該当する場合だけでなく「妊娠の継続又は分娩が身体的又は経済的理由により母体の健康を著しく害するおそれのあるもの」についても中絶を認めているのである．この法律は，戦後の人口増に対応してできたと解釈されている．つまり戦後の第一次ベビーブーム期に日本政府は人口統制の必要を感じ，国民が条件付で中絶することを認めたのである．戦前期に自由に避妊や中絶をすることが許されなかったことを考えると，まさに手のひらを返したかのような政策の転換であった．この優生保護法は1996年に一部改正され，母体保護法と呼称も変わった．上記の一から三までの内容は削除されたが，四と五はそのままである．つまり，一方で刑法堕胎罪が存続し「人工妊娠中絶は罪である」ということが変わらないまま，実際は母体保護法によって例外的に中絶は認められている．

　国民優生法や優生保護法のもとでは，精神や身体に障害をもつ多くの男女が時として本人の意思に反して優生手術をほどこされるなど子どもをもつことを否定された．あるいは，国全体の機運のなかで出産が奨励される時期と抑制が求められる時期があった．こう考えると，私たちはいったいどこまで自分の意思で子どもをもつこと，あるいはもたないことを選んでいるといえるのだろうか．そして少子社会に対する懸念が広まっている現在，政府は子どもをもつことに対して私たちに何を求めているのだろうか．

第9章　生殖の技術と家族　145

🖉 子どもを生み出さないための技術——人工妊娠中絶と避妊

　子どもの出生についての歴史的なデータをもう少し紹介しよう．平成10年版の『厚生白書』では，戦後の出生率低下は第一次ベビーブーム（1947（昭和22）年〜1949（昭和24）年）の直後と，1970年代半ば（昭和50年ころ）の2つの時期に分けられて説明されている．最初の出生率低下は結婚した女性が産む子どもの数が低下したことに由来し，これは経済が豊かになったこと，衛生状態が改善したこと，避妊の知識が普及したことによって日本が多産多死型から少産少死型への人口構造を転換させたことによる．つまり，かつては生まれた子どもが成長するまでに生き残る確率は現在に比べると低かったが，近年になると生まれる子どもがほぼすべて成長することが見込まれるから多く生む必要はなくなるわけである．次に，1970年代半ばからの出生率の減少は，その理由のひとつが晩婚化の進行の結果であるといわれている．つまり，女性の25〜29歳の未婚率は1975（昭和50）年の20.9％だったのが1995（平成7）年にはその約2.3倍の48.0％，2000（平成12）年に至っては約2.6倍の54.0％となり，既婚者との割合が逆転する．男性についても同様の傾向がみられ，30〜34歳の未婚率は1975年に14.3％であったのが1995年にはその約2.6倍の37.3％，2000年には約3倍の42.9％に達する（晩婚化，あるいは生涯未婚率の割合の増加については第6章「恋愛と結婚と家族」を参照のこと）．

　ところで，こうした出生率の低下はどういった知識や技術によって可能になったのだろうか．さきに「避妊の知識が普及」と書いたが，避妊に加えて戦後日本の出生率の低下をもたらしたものとして人工妊娠中絶がある．5年おきに女子人口千人に対する中絶の実施率をみると，ベビーブームがおさまり合計特殊出生率が3を割り込む1955（昭和30）年では50.2という高い水準であり，この時期には中絶が出生数を抑止していたことがうかがえる．とりわけ，未婚者よりも既婚ですでに子どもがいる女性で中絶を選択する人が多く，1987年に50歳未満の有配偶女性を対象とした調査では，回答のあったもののうち全体で22.6％が経験ありと答えていた．1955年と比較した場合，現代では報告される

中絶の実施率は減少しているものの，日本における中絶は「有配偶であることが最大のリスク・ファクター」（林謙治ほか，1996）であることは間違いないだろう．これには，いくつか理由がある．まず，有配偶女性は性交頻度が高く妊娠の発生が高い．また，子どもを希望する側面があるため，不確実な避妊を行ない，とくに望まない時期の妊娠が起こりやすい．また，これは有配偶女性に限らないことであるが，ほぼ100％の効果があるといわれる低容量の避妊ピルが日本では1999（平成11）年になるまで認可されなかったことや，現在でもコンドームによる避妊75.3％に対しピル使用率は1.5％と普及が遅いことが挙げられる．

ところで，出生数が減少することで社会における「子ども」の役割は変わってくるだろうか．戦後の第一回の出生率低下の時期には，農村中心の社会から第3次産業が中心の社会に戦後の産業構造が変わったことで子どもがもはや家業の担い手としては期待されなくなり，もっぱら可愛がりの対象となった．落合恵美子はこうした現象を「子どもの価値の転換」と呼び，子どもが生産財から消費財に変わった，と説明している．この構図は現代においてはより根強いであろう．成長して親に何かを返してくれる存在というよりも，「何年かは楽しみにつかえる『耐久消費財』」になってしまったといえる．

🖉 子どもを作るための技術

望まない妊娠によって人工妊娠中絶手術を選択する女性やカップルがいる一方で，子どもを作りたくても作ることができず悩む女性，カップルがいる．現代の日本においては一般に，避妊を行なっていないカップルが2年たっても妊娠に至らない場合，不妊ということになる．参考までにいうと，不妊の潜在人口は全生殖年齢人口の10〜15％といわれており，日本でも推定240万人の不妊人口がいるとされる（久保，2008）．

不妊とは，けっして特殊な形態ではない．またその原因も男性側に問題がある場合（精子に問題がある場合やED＝勃起不全症候群など），女性側に問題があ

る場合（卵巣や子宮に問題がある場合など），残りは原因不明である．このような子どもがほしくてもできないカップルは，現代では生殖技術の力を借りることがある．現在日本国内において日本産科婦人科学会が認める生殖技術はおおまかにいって以下に分けられる．

① 人工授精．採取した精子を，注射器を使って女性の体内に注入し受精させる．これには女性のパートナーの精子が選ばれる場合（AIH＝Artificial Insemination with Husband's Semen）と，提供者の精子が用いられる場合（AID＝Artificial Insemination with Donor's Semen）の両方がある．AIDは国内ではすでに1948年から行なわれており，日本では医学部の学生がその提供者になるケースがほとんどといわれ，提供者の情報がAIDを受ける女性やその家族に知られることはない．もちろん，その結果生まれた子どもが自分の遺伝上の「父親」について知ることもできない．ただし海外では提供者のIQや最終学歴，外見上の特徴（髪，肌，瞳の色，身長など）が公表され，事前にAIDを受ける人がそれらの情報から精子を選択することが可能である．

② 体外受精．女性の体から採取した卵子と男性の精子をシャーレの上で受精させ，受精卵を女性の体に戻す方法．より多くの卵子を取り出すために排卵誘発剤が用いられることがあり，卵子を取り出す時と戻すときに女性側が肉体的な苦痛をともなう場合がある．さらに，着床（受精卵が子宮に定着すること）を確実にするために2個以上の受精卵が女性の体に入る場合があり，多胎妊娠（ふたご，みつごなど）となって負担が大きくなることもある．さらにいえば，3つ以上の受精卵が着床した場合は減胎手術が行なわれることもあるが，日本母性保護産婦人科医会ではこれを正式に認めていない（根津，1998）．

③ 顕微受精．女性の体から採取した卵子の中に，注射器を用いて精子を注入させ受精卵を作ってから女性の体に戻すやり方．この場合，受精という行為は精子と卵子の自然な出会いに任されるわけではなく，エンブリオロ

ジストと呼ばれる技術者の手による人為的なものとなる．

　ところで，試験管ベビーという言葉を聞いたことがあるだろうか．今から約30年前の1978（昭和53）年7月25日，イギリスで世界初の体外受精児であるルイーズ・ブラウンが誕生した．生理学者と産婦人科医を医学上の「産みの親」にもつルイーズを日本では試験管ベビーと呼び，その誕生にあたってはいささかセンセーショナルな報道がなされた．当初は否定的に語られることの多かったこの生殖技術も次第に人びとに受容されるに至り，現在体外受精は全世界的に行なわれている．日本でもルイーズが産まれて5年後の1983年には第一例目の体外受精児が誕生した．

　従来，「子どもをつくる」ことは性交（セックス，Sexual Intercourse）という行為の結果であることが前提とされていた．そこでは，一般的に妊娠・分娩する母親がその子どもの母親であり，彼女を妊娠させた男性が父親であるということが自明である．だが，体外受精やそれに先立って行なわれてきた人工授精の技術は，そうした性交による生命の再生産というそれまでの常識をくつがえすものであった．現在の生殖技術の水準では，「5人の親」が可能といわれている．すなわち，卵子を提供する遺伝上の母親に，精子を提供する遺伝上の父親，受精卵を体内で育て出産するホストマザー，そして生まれてきた子どもを育てる父親と母親である．ひょっとすると実際に，海外ではこうした5人の親によって生まれ育った子どもが存在するかもしれない．

　ここまで極端ではないにしても，日本でも体外受精や顕微受精などの高度生殖技術によって誕生した子どもは2003（平成15）年の段階で約1万7,400人であった．この年に国内で生まれた子どもの総数は約112万人である．つまり，1.5％の割合となり，この年に生まれた子の65人に1人がこうした生殖技術の結果の赤ちゃんであるということができる．さらに，体外受精・顕微受精を用いて生まれた子どもの累計は2005（平成17）年度までで約11万8,000人であるという．平成18年度，平成19年度……と年度が変わるごとにその累計は1～2万人以上ずつ増えていくのだろう．また，全出生数に占める生殖技術によって

生まれた子どもの割合が増えることも容易に予想される．だから，こうした生殖技術はそのうちごく普通のものになって，医療保険も使えるようになるかもしれない．

だが，次のことも考えねばならない．たとえば先に述べたように海外の精子バンクには，提供者の外見のみならず学歴やIQの高さといった条件を公表しているところがある．また女優やモデルといった美形の提供者が多いことを売りにしている卵子バンクもあるという．他方，妊娠している女性の羊水を検査することによって，障害のある子どもが生まれるかどうかを調べる方法があり，時としてそれが中絶につながる．これらの例は，社会のなかにある既存の価値観—男の子は頭がいいほうがよい，女の子はきれいなほうがよい，障害をもった子どもは生まれないほうがよい—をそのまま受容しつつ，生まれる子どもをいわばデザインする方法であるといえる．カップルの間に生まれる子ども数が少なくなりつつあるいま，生まれる子どもはなるべく自分の好みに生みたいという欲望が存在するとして，あなたはどこまでその欲望を認めることができるだろうか．

おわりに——「遺伝子をのこす」ということ

2001（平成13）年，ある女性タレントが妊娠発覚と同時に子宮ガンであることを知り，子宮摘出手術を行なって胎児を失ってしまった．彼女はその経験をマスコミに公表し，手記に書き，そして翌年「自分たちの遺伝子を受け継いだ子どもを代理出産でつくる」と宣言した（向井，2002）．

生殖技術は，「子どもをつくりたい」という欲望や，「子どもはほしくない」という欲望がその進展を推し進めたものだと解釈できる．だが，こうもいえはしないだろうか．つまり，技術が前提としてあるから私たちはある種の欲望をかなえようとする．高度生殖補助技術が発達していない時代に子どもができない夫婦たちが子どもを必要とした場合，養子縁組によってよそで生まれた子どもを受け入れるという選択肢があった．現在，養子縁組の件数は年々減少する

一方であるという．医学や生物学の発達によって私たちは精子や卵子といった細胞の基本単位を知りさらに遺伝子というその奥のメカニズムまで手中におさめつつある．さきほど取り上げたタレントも「遺伝子」という言葉へのこだわりがある．技術は人の欲望を充足させ，幸福の追求に貢献してきた．だが，逆に技術の存在が人に欲望を起こさせ，悩ませることもある．

　さきに述べたAID（非配偶者間人工授精）という生殖技術をめぐってこんな話がある．これまで，AIDによる受精が行なわれる場合，医療機関側と提供を受けるカップル（または女性）の間で提供者（ドナー）の匿名性が保証されることがほとんどであった．すなわち，提供を受ける女性は提供される精子が誰のものであるか知ることができない．これはドナーのプライバシーを保護することと同時に，生物学上の父親を知らせないことによって提供される側のカップルを保護することにもつながっていた．だが2002年5月25日にNHKで放映された番組では，近年海外を中心にAIDによって生まれたことを知った子どもたちが成人した後に自分の遺伝上の父親を探すケースが増えていることが紹介された．この流れを受けて，スイスでは2002年の1月からAIDのドナーになるためには身元を明らかにしなければならない，あるいはAIDによって生まれた子どもたちが18歳以上になったときにドナーの情報を開示しないといけない等の項目が含まれた生殖医療法が始まった．皮肉なことにこの医療法以降ドナー希望者が減少しており，アメリカの精子バンクのなかには採取された身元が明らかなドナーの精子を使うケースもある．世界的にこの流れが進行した場合，将来的には身元が公開できるドナーの奪い合いがおき，限定された親の子どもが世界中で大量に生まれる可能性も否定できない（NHKスペシャル「親を知りたい——生殖医療・子どもからのといかけ」）．

　別の例をあげよう．中国残留日本人孤児の報道をみると，中国からやってきた孤児たちと，その親族かもしれない日本人との間で，遺伝子検査が行なわれることがある．テクノロジーの進展によって遺伝上のつながりが可視化されているのである．私たちはそのような時代を生きている．

「ちを分けたきょうだい」という表現がある．一般的にこれは「血をわけたきょうだい」という意味に解釈されている．だが本来，この「ち」は「血」ではなく「霊（ち）」という意味で用いられていたという．「いかずち（雷）」や「おろち（蛇）」などのように，人間の力を超越したものに対して「ち」の音が残る場合があるが，霊魂を古来は「ち」と称していた．すなわち「ちを分けてもらう」とは，子どもが親から霊を分けてもらって新しい生命体になるということである．ここには，生物学的な発想に基づいて連想してしまう遺伝的な血統ではなく，父親と母親の霊魂がその子どもたちに継承されるという古代の人びとの発想をみることができる（井上，1998）．そこに「遺伝情報の伝達」という観念は存在しない．これと比較した場合，私たちが「ちを分けたきょうだい」という音に「血」を連想するのは，血液がイメージさせる血統とか血縁とか血のつながりとか，そうしたものが重視されていることの証左であるといえる．そして，家族のアイデンティティを考える際に，私たちはもはやこの遺伝子という判断基準から逃れることはおそらくできないのである．

参考文献

江原由美子編（1996）『生殖技術とジェンダー』勁草書房
井上辰雄（1998）「日本古代の生命感」『JIU 国際総合講座第 3 集』城西国際大学
北村邦夫（2002）『ピル』集英社新書
久保晴海（2008）「少子化社会における不妊症・不育症の疫学」『日本医師会雑誌』第137巻第 1 号，日本医師会
小西宏（2002）『不妊治療は日本人を幸せにするか』講談社現代新書
斎藤有紀子編著（2002）『母体保護法とわたしたち―中絶・多胎減数・不妊手術をめぐる制度と社会』明石書店
坂井律子・春日真人（2004）『つくられる命―AID・卵子提供・クローン技術』NHK 出版
柘植あづみ（1995）「生殖技術の現状に対する多角的視点」浅井美智子・柘植あづみ編著『つくられる生殖神話』サイエンスハウス
須藤みか（2010）『エンブリオロジスト・受精卵を育む人たち』小学館
田間泰子（2001）『母性愛という制度―子殺しと中絶のポリティクス』勁草書房
根津八紘（1998）「不妊治療の副産物 減胎手術の実際―その問いかけるもの」近

代文芸社

林謙治ほか（1996）『厚生省心身障害研究　望まない妊娠等の防止に関する研究　平成7年度研究報告書』

藤目ゆき（1999）『性の歴史学―公娼制度・堕胎罪体制から売春防止法・優生保護法体制へ』不二出版

向井亜紀（2002）『プロポーズ―私たちの子どもを産んでください.』マガジンハウス

森健（2001）『人体改造の世紀―ヒトゲノムが切り開く遺伝子技術の功罪』講談社ブルーバックス

Part III

親子関係の希望

第10章　少子化と子育て支援

少子化と子育て支援

《狭い家のなかに子どもと二人きりで閉じこもっていると気が狂いそう．近くの公園ですか？　仲良しグループができていて，入りづらくて，もうしばらく行っていません》
《毎日同じことの繰り返し．なんだかみすぼらしい気分なんです．せめて気分転換に美容院くらい行きたいのに，私にはその時間もお金もないんです》
《夕食の支度の時間になると赤ちゃんが決まってぐずるの．私もいらいらして…》
《夫の帰宅はいつも深夜．仕事と言いつつ，飲んで帰るのよね．子育ての話をしようとすると愚痴はやめてくれって．土日も一日寝てばかり．それなのに「ゴルフは付き合いだ」って出かけていくの．私は24時間労働で，コーヒーを飲む余裕もないのに》

　保健所の三歳児検診で，母親たちが口々に訴えます．本当にそうなのよね，とうなずきながら，そのしわ寄せが子どもに向かわないかと心配になります．みた目はごく普通のお母さんが「実は子どもを殴ってしまう，そのことを夫は知らない」と泣きながら訴えます．子育てがこんなに大変になったのはいつからなのでしょう．昔から母親ならだれでもやってきた子育てを，現代の母親ができないのは，未熟さやわがままのせいなのでしょうか．
　実は，育児休業を取った男性が共通に口にするのは，自分の発想がだんだん「母親化」していって，妻の問題だと思っていたことを，自分がやっている現実にはっとした，ということです．一方，私のように男性と同様に働く状況にいると，今日はちょっと残業だ，飲み会だ，といい訳をつくって帰宅を遅らせる感覚が出てきて，家の玄関の手前で，はっと「まずい」と思ったりもするわけです．私自身が母親役割も父親役割も担ってきたために，どちらのいい分もわかりますし，どちらの弁護もしたくなります．しかし，子どもはいったい誰に弁護してもらえばいいのでしょう？
　子育てをしたことのない人が，子育てがどのようなものかを知ること，これが援助の幅を広げていくうえでとても大切だと思います．現代は，女性も赤ちゃんを抱っこした体験すらなしに母親になることが多い時代です．まったくわからない世界に飛び込めば，当然ストレスが生じます．問題はここからすでに始まっています．
　金魚やひよこをかわいいなという「想い」だけで飼い，死なせてしまった体験はありませんか？　人間の子どもも，実体験としてどう扱っていいかわからなければ，準備をしておかないと大変なことになります．子育ては学習であって，「愛」だけでできるものではないのです．

出所）（武田信子『社会で子どもを育てる』平凡社新書，2002：20-21）

🗝 キーターム

合計特殊出生率　女性ひとりあたりが生む子どもの数の平均．ある年に15歳から49歳の女性が生んだ子ども数の平均値を推計の数値として用いている．

少子化　子ども数が減少すること．合計特殊出生率を指標とする．

母性神話・3歳児神話　女性には子どもを慈しみ，育てていく本能が生まれつき備わっている（母性神話）といった考えと，子どもが3歳になるまでは母親が育てないと子どもの発達に悪影響がある（3歳児神話）といった考えがある．しかし，これらは近年の研究で否定されてきているにもかかわらず，まだまだ多くの人びとが信じている（神話）．

育児休業制度　1歳未満の子どもをもつ男女の労働者が取得できる休業．夫婦が同時に取得することはできないが，各々が連続する期間を交代で取得することは可能．休業中は，基本的に無給となるが，社会保険の本人負担分免除と雇用保険からの給付により，基本給の40％程度は保障される．なお，企業によっては，休業期間が，最長3年の場合もある．

保育所　保育に欠ける就学前の児童を親に代わって保育する施設．児童福祉法に基づく施設の設備・人員配置に関する最低基準を満たして都道府県知事の認可を受けて設置された認可保育所と認可を受けていない認可外（無認可）保育所がある．

ワーク・ライフ・バランス　性別や年齢，子どもの有無に関係なく，すべての労働者が仕事とプライベートな生活のバランスをとることができるようにすること．プライベートな生活には，子育てや家庭生活ばかりでなく，地域生活や趣味・娯楽などの余暇活動も含まれる．仕事と生活の両方をいかに充実させるかという方法については，北欧やヨーロッパの社会保障を中心とした政府主導型とアメリカのように，各企業が独自の制度や施設などを用意する企業主導型とがある．

進む少子化

　少子化が社会問題として大きく取り上げられるようになって久しい．しかし，少子化は，最近になって急に起こった現象ではなく，戦後徐々に進行してきた社会現象である．ことに，1970年代に入り，高齢化の進展により，少子高齢化という社会問題として認識され始めたといえる．1970年には，老齢人口（65歳以上人口）が7％に達し，日本は高齢化社会に突入した．さらに，1974年には，合計特殊出生率が，人口置き換え水準（現在の人口を維持するのに必要な水準）である2.08を初めて下回った．このように，少子化と高齢化が同時に進行することで，単に人口が減少するということだけではなく，労働力人口の減少による経済発展の低迷，福祉負担の増加など，さまざまな社会問題が引き起こされてしまうという危機感が募り，少子化が大きな社会問題として認識されるようになったのである．

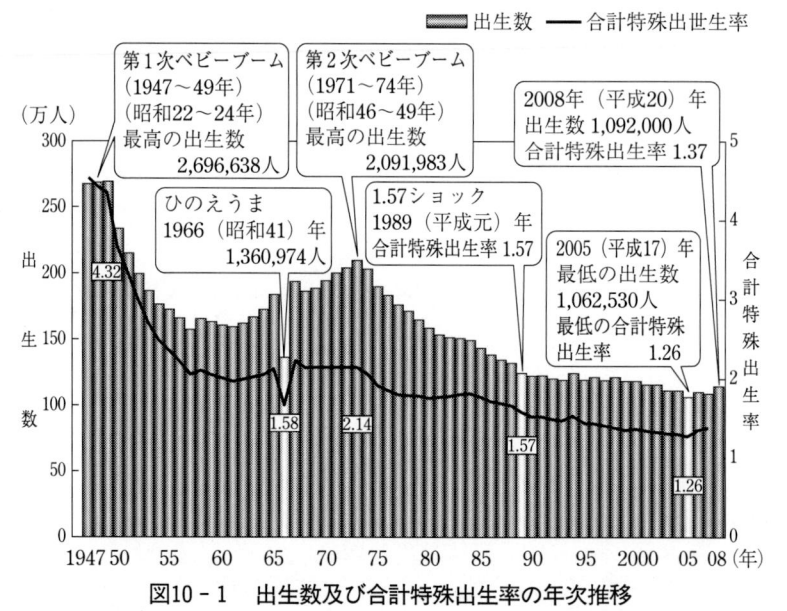

図10-1　出生数及び合計特殊出生率の年次推移

資料）厚生労働省「人口動態統計」
　注）1947～1972年は沖縄県を含まない．

合計特殊出生率の推移をみると，戦後のベビーブーム期にあたる1947年には，戦後最高の4.32を記録し，その後は急激に減少している．高度経済成長期の後半1960年代以降には，一時安定を取り戻し，第二次ベビーブーム期を迎えた．しかし，1973年の2.14をピークに減少し続け，1989年には，戦後の出生傾向のなかでも特異と考えられてきた丙午である1966年の1.58を下回るという「1.57ショック」を記録した．その後，合計特殊出生率は下降の一途をたどり続けた．2000年にはミレニアム出産ということで，少し持ち直したが，その後は，減少し続け，2005年には1.26という戦後最低の合計特殊出生率となった．2006年以降は少しずつ上昇し，2008年は1.37を記録している．しかし，2009年の出生数は，減少しており，合計特殊出生率も2008年を下回ることが予想される．つまり，少子化傾向は，根本的に解決されたわけではない（図10-1）．

戦後の少子化と「子どもは2人」の安定期

　このように，少子化という現象は，戦後一貫してみられる傾向であるが，その要因となる社会的背景は，時代によって異なっている．たとえば，舩橋は，戦後から高度経済成長期中盤（1945年から1960年）にかけての少子化は，中絶や避妊によって，結婚している夫婦の子ども数が減ったために起こったとしている．戦後の「産めよ殖やせよ」から一転して，GHQの指導のもとに避妊を推奨する運動がすすめられ，さらには1949年の優生保護法の制定により，人口妊娠中絶が合法化されることになった．また，医療技術の進歩，衛生状態の向上によって，乳児死亡率が急激に減り，子どもは欲しいだけ産めばいいという状況になったことなどから，急激な少子化が進展したと指摘されている．ちなみに，1955年の中絶件数は戦後最高の117万件（同年の出生児数は173万人）であり（厚生省「優生保護統計」），乳児死亡率は，出生1,000に対して，1940年は90.0であったのが，1955年には39.8に減少している（厚生省「人口動態統計」）．

　高度経済成長期の後半にあたる1960年から1975年にかけては，少子化傾向は一時鈍化している．この時期には，「夫はサラリーマン，妻は専業主婦」とい

う戦後の典型的家族が定着し，生活水準も向上，また高学歴化の兆しもみえ始めた．このような社会的背景のもとで，よりよい生活水準を保ち，子どもに高等教育を受けさせるためには，「子どもは2人」がちょうどいいという認識が広まり，出生数も安定したと考えられる．1975年の出生数は190万人だが，中絶件数は67万件（厚生省「優生保護統計」）と，中絶よりも避妊により，計画的に子ども数を調整するようになったことがうかがわれる．

未婚化・晩婚化と少子化

しかし，その後，また少子化傾向が現れ始める．1975年から2004年までの少子化は，若い世代の未婚化，晩婚化が主要な要因であるといわれている．この期間は，合計特殊出生率が急激に低下しているにもかかわらず，完結出生児数は，ほぼ2.2，理想の子ども数も2.5前後を維持している（図10-2）．完結出生時数と理想の子ども数は，婚姻関係にあって，ほぼ子どもは産み終えたと思われる女性を対象としている．したがって，結婚している女性であれば，子ども

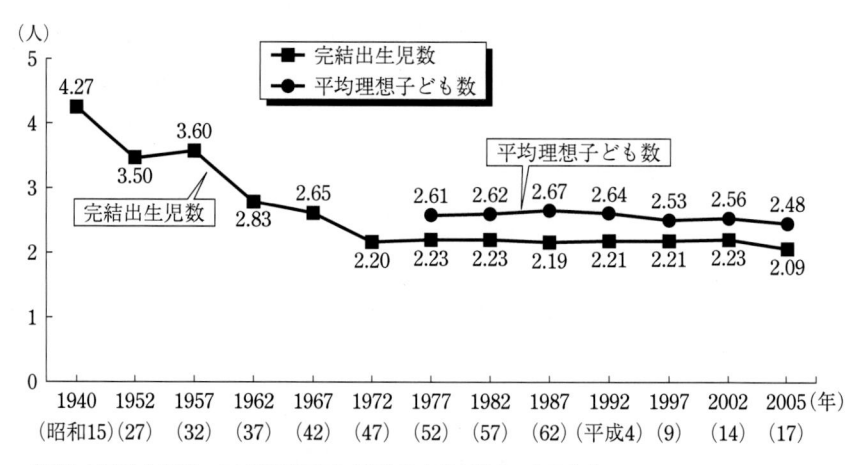

年	完結出生児数	平均理想子ども数
1940（昭和15）	4.27	
1952（27）	3.50	
1957（32）	3.60	
1962（37）	2.83	
1967（42）	2.65	
1972（47）	2.20	
1977（52）	2.23	2.61
1982（57）	2.23	2.62
1987（62）	2.19	2.67
1992（平成4）	2.21	2.64
1997（9）	2.21	2.53
2002（14）	2.23	2.56
2005（17）	2.09	2.48

資料）国立社会保障・人口問題研究所「出生動向基本調査」より作成
注）1. 理想子ども数については，初婚どうしの50歳未満の妻に対する調査．
2. 完結出生児数は，結婚持続期間15-19年の妻を対象とした出生児数の平均．

図10-2　平均出生児数および平均理想子ども数の推移

は2人から3人は欲しいと思っており，実際，2人平均子どもがいることを示している．しかし，合計特殊出生率が急激に低下しているのは，第6章でも指摘されているように，この期間に若者の未婚化・晩婚化が進展し，出産が期待される年齢の若者たちが結婚しなくなったために他ならない．

　欧米では，法的な婚姻関係にないカップルの出生率（婚外子率）が増加している．たとえば，スウェーデンなどでは，生まれる子どもの半分以上が婚外子である．しかし，日本においては，「できちゃった婚」に象徴されるように，婚姻関係にないカップルから生まれる子どもは2％程度とごくわずかである．日本では，子どもは婚姻関係にあるカップルでないともってはいけないという認識が強く，また，婚外子差別も存在するためである．したがって，未婚化・晩婚化が進展すれば，少子化も一層進展することになるのである．

近年の少子化

　前述のように，2005年に戦後最低を記録した合計特殊出生率も，その翌年からは上昇傾向にあり，2008年には，2000年の水準まで回復基調をみせた．しかし，2009年の出生数は，2007年よりも大幅に減少しているため，合計特殊出生率も低下することが予想される．2005年以降の出産の特徴は，これまで出産年齢の主流であった20歳代での出産が減少しているばかりでなく，これまでは第二位であった30歳代前半と，その割合が逆転してしまったことである．さらに，2008年になると，30歳代後半，40歳代前半での出産も増加している．ちなみに，2005年の母親の年齢別出生割合は，20歳代後半が32％，30歳代前半が38％，30歳代後半が14％，40歳代前半が2％であり，2008年は，順に29％，37％，18％，3％となっており，30歳代での出産が全体の50％以上を占めるようになった（厚生労働省「人口動態統計」より数値作成）．こうした晩産化傾向は，夫婦間での子ども数を減少させることになる．出生動向基本調査によれば，理想の子ども数だけ実際の子どもをもたない理由として，とくに30歳代後半以上では，「高齢で生むのはいやだから」という理由が40％を超えている．つまり，初産

が30歳代であると，第2子目以降の出産が控えられる可能性が考えられる．

さらに，完結出生児数における子ども数の構成をみてみると，2005年の第13回出生動向基本調査では，0人の割合が，それまでの3％台から5.6％に，ひとりが9％前後から11.7％と上昇している一方で，3人と4人の割合が減少している．つまり，これまでは，結婚すれば平均的に2人から3人の子どもをもっていたのだが，近年は，夫婦間の子ども数が1人から2人である可能性が高くなり，さらに子どもがいない夫婦も増えている．

こうした傾向から，2005年以降の近年の少子化は，未婚化・晩婚化の一層の進展に加えて，晩産化による夫婦間での子ども数の減少によってもたらされているといえるだろう．

子どもが欲しいだけもてない環境

先にみた2005年の出生動向基本調査によれば，理想の子ども数の平均は2.48人であるのに対して，実際の予定子ども数は2.09人と，予定子ども数のほうが少ない．では，なぜ理想の子ども数だけ子どもをもたないのだろうか．前述の「高齢で生むのはいやだから」（38.0％）は第二位の理由であり，第一位は「子育てや教育に育てるのにお金がかかりすぎるから」（65.9％）である．それに続いて「これ以上，育児の心理的・肉体的負担に耐えられないから」（21.5％）「自分の仕事に差し支えるから」（17.5％）となっている．また，順位は下がるが「夫の家事・育児への協力が得られないから」（13.8％）という理由も挙がっている．これらは女性にたずねた質問であるが，女性に子育て負担が集中しており，そのために欲しい数だけ子どもがもてなくなってしまっているという現状がうかがえる．

専業主婦家庭においては，母親が子育てに専念しているという意味で，子育てに対する肉体的・心理的負担が大きいといえるだろう．

共働き夫婦が増加するなかで，保育所の待機児童数が一向に減らないこと，病児・病後児保育など，仕事と育児を両立させる上でニーズの高い保育サービ

スがなかなか実施されないことなども，共働き夫婦にとっては，欲しいだけ子どもをもてない大きな理由である．保育所の増設や，既施設の定員増加などの措置は取られているものの，2008年度の待機児童数は1万9,550人であり，ことに近年は0歳から2歳の乳児の待機児童が増加する傾向にある．筆者が実施した保育所に子どもを預ける母親に対するインタビュー調査では，どの母親からも，病児・病後児保育を充実させて欲しいという声が聞かれた．

また，近年は，少子化の影響を受けて，病院において産科での分娩が廃止される傾向にあり，また小児科を扱う病院も減少している．日本産婦人科学会の調べによると2005年段階で，実際に出産できる病院・診療所は全国で3,063ヵ所であり，この数は2002年に比べて半減しているという．こうした環境も，安心して子どもを産み育てられない状況を作り出している．

少子化は日本ばかりでなく，先進諸外国に共通してみられる傾向であるが，さまざまな社会的政策を講じることによって，北欧やヨーロッパの一部では，出生率が回復した国もある．日本においても1994年からさまざまな少子化対策が行なわれてきているが，少子化傾向が終息の気配をみせないのは，子どもを生み育てにくい環境が改善されるような対策が十分になされていないということなのだろうか．そこで，これまでに日本で実施されてきた少子化対策について，みてみることにする．

少子化対策と子育て支援策

すでに指摘したように，1989年の1.57ショック以来，日本では少子化を社会的問題として認識し，本格的な少子化への取り組みがなされてきた．しかし，現実には少子化問題は解決されていない．そこで，これまでの少子化対策の流れと特徴を概観し，これまで講じられてきた少子化対策のどこに問題があるのかを検討してみたい．

まず，少子化対策として初めて策定，実施されたのが，1994年の「エンゼルプラン」と「緊急保育対策等5カ年事業」である．そして，これらの見直しの

結果として，1999年に「新エンゼルプラン」が策定され，その一環として2001年に「待機児童ゼロ作戦」，2002年には「少子化対策プラスワン」が講じられた．さらに2003年には，「少子化対策基本法」と「次世代育成支援対策推進法」が制定され，2005年から「子ども・子育て応援プラン」が実施されてきた．そして，2010年1月には「子ども・子育てビジョン」が閣議決定され，このビジョンに基づく新しいプランが実施される予定である．

それでは，これら一連の少子化対策の基本的方針は，どのように変わってきているのだろうか．「エンゼルプラン」においては，働く母親の仕事と子育ての両立支援のための保育施設・多様な保育サービス（低年齢児保育，延長保育など）の充実がうたわれていた．そして，「新エンゼルプラン」，「子ども・子育て応援プラン」には，保育の充実に加え，専業主婦に対する地域における子育て支援の整備，そして，母親ばかりでなく，父親も家庭で子育てにかかわる時間が必要であるという認識から，男性を含めた職場での働き方の見直し（長時間労働や残業の削減など）と父親の育児休業取得といった観点が加わるようになってきている．とくに，2005年から施行されている「次世代育成支援対策推進法」にみられるように，近年の動きとしては，父親の子育て参加を促すことも含め，職場における子育て支援体制の整備に力点が置かれつつあるといってよいだろう．

「次世代法」では，社会全体で家庭に対しての子育て支援を行なうことを目標として，地方公共団体には，従来通り，多様な保育サービスの充実と，地域子育て支援センターなど地域での子育て支援についての計画策定を求め，民間企業に対しては，子育て環境整備を具体的な計画・実施を前提として取り組むことを求めている．従業員規模が301人以上の企業に対し，①子育てを行なう労働者の職業生活と家庭生活の両立支援のための雇用環境の整備，②働き方の見直しに資する多様な労働条件の整備，③その他の次世代育成支援対策，を盛り込んだ行動計画の提出を義務付け，実際に行動計画の目標を達成できた企業には，厚生労働大臣から次世代認定マークを授受する仕組みになっている．

これまでも，仕事と子育ての両立のための職場環境の整備という意味で，1998年からエンゼルプランの一環として「ファミリーフレンドリー企業」事業が行なわれてきた．毎年，厚生労働省がファミリーフレンドリー企業に該当すると思われる企業を表彰するという事業だが，事業が開始されて5年以上が経過しても，表彰の対象となる企業は2005年までに270企業とあまり増加しなかった．そして，表彰されている企業の多くが，実際は母親に対する両立支援にとどまり，男性や管理職の支援までは至っていない．そこで，次世代法では，行動計画提出の「義務付け」，単なる表彰ではなく，認定マークの企業広告への使用を認めるといった内容を盛り込み，企業における子育て支援の普及を目指したのである．

さらに，近年の少子化対策の特徴は，雇用不安のために結婚・出産を控えている若者のために，就労支援など雇用・就労に関して本格的に取り組む姿勢がみられることだろう．すでに6章で検討したように，未婚化・晩婚化は少子化の大きな要因のひとつである．そして，近年の傾向として，景気の低迷による雇用不安，正規の職に就けないから結婚できないという若者も増加している．そこで，すでに子どもをもっている人へ直接的支援と二本立てで，結婚と出産の障害を取り除くという意味で，就労支援も少子化対策の一環として進められているのである．

2010年1月に閣議決定された「子ども・子育てビジョン」は，これまでの対策の基本的方針を引き継いだ上で，民主党政権のマニフェストとしての「子ども手当」が盛り込まれていること，そして，家族（個人）単位ではなく，社会全体で子育てを担うということ，少子化対策としての子育て支援ではなく，子どもを主体とした子育て支援，仕事と子育ての調和を主眼としていることに特徴がある．

このように，10年来行なわれてきている少子化対策だが，ひとつのプランが最終年度を迎えると，必ず，目標値に達していない項目が多数あり，それが，次のプランへと繰越になるため，基本的な施策にはあまり変化がないようであ

る．では，なぜ，それほどまでに目標値に達しないものがでてくるのだろうか．当然，国の財政的な問題もあるが，そればかりではなく，子育ての主要な担い手はだれなのかということに対する認識も大きく影響していると思われる．

たとえば，子ども手当や保育施設の充足は，国の財政的な面によるところが大きいが，男性の育児休業の取得については，実際職場でそうした制度を用意しても，「子育ては母親が家庭で行なうもの」という認識が強いために，取得率が上がらないのではないだろうか．

そこで，以下では，私たちの子育てに対する認識に留意しながら，職場と地域における子育て支援の現状と問題を検討してみたい．

職場における子育て支援策

職場における子育て支援策としてまず挙げることができるのが，育児休業制度であるが，すでに指摘したように，男性の育児休業取得率は，少子化対策のなかでも，なかなか目標値に到達しないもののひとつである．2007年段階では，女性の育児休業取得率は89.7%であるのに対し，男性は1.56%と非常に低い（厚生労働省「平成19年度女性雇用管理基本調査」）．2005年段階で，女性72.3%，男性0.5%，そして1999年では，女性56.4%，男性0.02%だったのであるから，それに比べれば，男女とも増加しているといえるが，女性に比べれば，男性の取得率が非常に少ないことは明らかである．しかも，女性の場合，取得期間は，少なくとも数ヵ月から1年（長い場合は2，3年ということもある）であるのに対し，男性の場合は，数週間からせいぜい長くとも3ヵ月程度と，期間も非常に短い．

このように，男性の育児休業取得率がなかなか上昇しない背景には，前述のように，「子育ては母親が家庭で行なうもの」という認識が強いことがある．制度として存在しているのに，取得率が低いということは，ひとつには，父親となった男性が，子育ては母親が中心となって行なうべきであるからと，自分で取得しようとしないことが考えられる．さらに，父親となった男性が取得し

たいと思った場合でも，職場に男性が育児休業を取得できるような雰囲気がなければ，取得することは難しいだろう．男性は残業や休日出勤が当たり前，有給休暇さえ取得できないような職場では，長期の休業など取得できるはずもない．あるいは，上司に「男が育児なんて．そんなものは奥さんに任せておけばいい」などといわれてしまえば，取得はとうてい無理だろう．上司の反対を押し切って取得した暁には，昇進どころか，職場復帰も危ぶまれてしまう．男性の育児休業取得率が上がらない理由には，育児休業中の所得保障が十分でないこともあるが，当事者と職場の「子育て責任の所在」についての認識の影響は大きい．

　前述のように，女性の育児休業取得率は，非常に増加しているが，その一方で，子どもが1歳になったときに，職業を継続している女性は約40％と非常に低い現状がある（子ども・子育てビジョン）．これは，まさに，男性の育児休業取得率が増加しない要因と同じ背景があるといえる．前述の調査で，2005年段階において，育児休業取得後の女性の職場復帰率は89％とされているので，育児休業を取得した場合は，かなりのケースで職場復帰しているはずである．しかし，職業継続率が40％となってしまう背景には，復帰の際に，子どもを保育所に入所させられずに，辞めてしまうということもあるだろうが，子育てと両立できるような制度が整っていない，雰囲気がないということも考えられる．つまり，いったん職場に復帰しても，子どもの急病などで休んだり，早退・遅刻をしたりを繰り返し，辞めざるを得ない状況になってしまうということである．

　出産後の女性の就業状況を縦断的に調査している「21世紀出生児縦断調査」によれば，調査の開始年次2001年には，子どもが1歳になったときの女性の有職率は30％と非常に低くなってしまっていたが，年々就業率は増加し，子どもが7歳になった段階では，出産前の状況に戻っていた．しかし，就業形態の内訳をみると，出産前が，常勤33％，パート16％であったのに対し，7歳段階では，常勤17％，パート30％と，その割合がほぼ逆転していた．復帰するときに

子どもを保育所に入所させることができずに，常勤職を辞めてしまったということもあるだろう．この数値は，いったん常勤の職を退いてしまうと，常勤として勤務しにくいという見方もできるが，女性が好んでパートを選択しているということもいえる．筆者が，保育所を利用する母親に対して行なったインタビュー調査では，パートとして就労する母親のほとんどが，常勤では両立ができないから，子どもが小さいうちはパートで働こうと思い，出産のときに常勤の職を辞めた，あるいは，いったん復帰したものの，両立できるような環境（雰囲気）でなかったので，辞めたと話していた．パートであれば，子どもの急な発熱でも休みやすい，残業をしなくてよい，当直などの宿泊を伴うような勤務をしなくてよいといったメリットがあるという．そしてまた，こうしたパートを選択している母親の多くが，夫の帰宅が遅く，休みも取れないような職場なので，自分が中心に子育てをしなければならないからだという．必ずしも，母親自身が，子育ては母親だけがするものとは認識していないが，夫や夫の職場の状況から母親中心で子育てを行なわざるを得ない，そして，そうするためには，家庭で子育てにかかわる時間を少しでも作るために，常勤の職は辞めざるを得ないということになるのである．そして，その背景には，常勤で就業している以上，仕事優先でなければいけないという職場の発想がある．前述の「次世代法」では，男性の育児休業取得者を1名でも出すこと，ノー残業デーなど，職場の長時間労働体制を是正するような体制を作ることなどを掲げているが，実際それらは，有効な結果をもたらしていない．名目ばかりの男性の育児休業（数日程度）であったり，ノー残業デーがあっても，皆残って残業していたりなど，有名無実な制度にしかすぎないのが現状である．

　職場における子育て支援は，制度としてはかなり実施されるようになってきているが，「子育ては母親だけの責任である」「常勤は仕事優先」といった考え方を是正しない限り，これまでみてきた現状は，大きく変化することはないだろう．

地域における子育て支援① 保育施設と保育サービス

　保育施設の増設は，エンゼルプランの当初から取り組みが行なわれてきた施策であるが，2001年からの「待機児童ゼロ作戦」にもかかわらず，待機児童は一向に減少する気配がない．2008年の全国における待機児童数は，1万9,580人，2009年は2万5,384人である．地域的には東京などの大都市に多く，また子どもの年齢層では，0歳から2歳の待機児童数が半数以上を占める（厚生労働省保育課調べ）．認可保育所の基準を見直し，認可保育所を作りやすくしたり，厚生労働省基準よりもゆるやかな基準によって，各自治体が認証する形での保育所を作ったり，あるいは，すでにある認可保育所の定員を増設したりして，さまざまな取り組みがなされているが，保育所への入所希望がますます増えるなかで，あまり効果がないようである．

　いかに子どもを待機児童にせずに，首尾よく保育所に入所させ，職場復帰するかというのは，育児休業を取得した母親の最大の関心事である．前述のように，せっかく育児休業を取得しても，子どもを保育所に入所させることができなかったために，泣く泣く復帰をあきらめて，会社を辞めたということも起こりうる．前述のように筆者が保育所を利用する母親に対して行なったインタビュー調査でも，育児休業を1年間取得したが，いざ職場復帰というときに保育所に入園できず，職場を辞めざるを得なくなった．そこで，いったん退職して就職活動をしたが，就職活動中は子どもを預かってもらえないので，苦労したという話もきいた．

　待機児童の増加の背景には，単に保育施設が不足しているということばかりでなく，保育所により，提供される保育内容が大きく異なることにも由来する．たとえば，延長保育ひとつをとってみても，個々の保育所で対応は異なる．そもそも延長保育を実施していない施設もあれば，最長19時までで人数制限があり，夕方に提供される食事はうどんやおにぎりなどの補食程度といった保育所がある一方で，21時まで預かってくれ，人数制限もなく，さらに保育所内で調理したきちんとした夕食を提供してくれるというように，そのサービス内容は，

さまざまである．さらに，保育料に関しても，無認可や自治体の認証保育所が，一律の料金で，比較的高額であるのに対して，認可保育所が所得に応じた料金になっており，最高額を支払っても前者よりも安いとなれば，認可所への希望が減らないのはいうまでもないだろう．そうなると，入所できる認可保育所があっても，少しでも保育内容の良い施設の空きを待つということにもなってしまうのである．

　一方で，幼稚園への入園希望者は減少しており，閉園になる園も少なくない．そこで，幼稚園で預かり保育を実施し，待機児童の解消に役立てようという動きもある．しかし，預かり保育の内容は自治体や園によってまちまちであり，保育所の代わりとして機能しているとはいい難い．さらには，閉園予定の幼稚園を「子ども園」にする動きもあるが，こちらもまだまだ多くの問題を抱えている．「子ども園」は幼稚園と保育所の機能をあわせもつ施設であり，2006年から全国的に実施され始めた．共働き家庭からは幼児に対する教育へのニーズが高かったこともあり，保育所にはない幼児教育を実施してくれる子ども園は，非常に歓迎されるべき施設であるが，現実には管轄省庁の問題や幼稚園教諭と保育士の両方を置かなければならないことや，その待遇の違いなどの職員の問題，対象年齢の問題（多くの場合3歳児以上であること）など，まだまだ解決しなければいけない問題が多くあり，諸手を挙げて幼保一体化とはいかないようである．

　こうした施設型の保育サービスを補うものとして，「保育ママ」制度や「ファミリー・サポート制度」などもある．「保育ママ」に関しては，保育士，看護師資格保有者から，子育て経験者で一定期間の研修を受講したものであればよいといったように，その資格基準を緩和して，増員を図っているが，ひとりの保育ママが，自分の家庭で数名の乳児の保育をするというこの制度では，保育ママと子どもとの相性の問題などあり，浸透度はいまひとつである．ファミリー・サポートも保育所で不足しているサービスを補うものとして有効であるが，実地されていない自治体もある上，そもそもが，サポートの供給側の登録

が少ないために，十分機能しているとはいい難い．

　このような地域での保育サービスの状況は，結局，母親に仕事の調整を強いることになる．首尾よく，保育所に子どもを入所させることができても，延長保育が十分利用できない，ファミリー・サポートが利用できないとなれば，多くの場合，保育所の保育時間に合わせて母親が仕事を調整することになる．また，子どもが病気になったとき，仕事を休むのは，やはり多くの場合母親である．長時間労働が是正されない職場の状況では，父親の帰宅時間が遅い，休みを取りにくい現状があるためである．

　自分ひとりで頑張らなければいけないから，大変．だからこれ以上子どもはいらない．共働きの母親からはこうした声も聞かれる．

地域における子育て支援② 専業主婦と育児不安，育児ノイローゼ

　専業主婦の場合，家事・育児に専念しているのだから特別な子育て支援などいらないと思われがちである．しかし，核家族の専業主婦だからこその子育て問題がある．とくに，高学歴の専業主婦には育児不安や育児ノイローゼが多いといわれているが，一日中子どもとだけ向き合う密室育児という生活のなかで，子育ての悩みも絶えない．常に子どもと一緒であり，子どもから解放されることがないことから，核家族の専業主婦には，イライラ感や悩みが生じやすいといえる．そして，このイライラ感や悩みをだれに打ちあけることもできずにいると，育児不安やノイローゼに移行してしまうのである．近年増加している母親による子どもへの暴力や虐待の原因としては，母親の幼少期に受けた暴力や虐待が指摘されることが多いが，実は，こうした育児不安や育児ノイローゼが原因であることも少なくない．密室育児による不安やイライラをだれにも相談できず，どうしてよいかわからずに，子どもにあたってしまい，暴力や虐待という結果になってしまうのである．

　2008年に全国の児童相談所に寄せられた児童虐待の相談件数は4万2,664件（2005年は3万4,472件）である．虐待の内訳をみると，もっとも多い身体的虐

待が38％，次いでネグレクト（育児放棄）が37％となっている．虐待を受けた子どもの年齢としては，0歳から3歳が18％，3歳から就学前が24％，さらに小学生が37％と，年齢の低い子どもの虐待が目立つ傾向にある．また，虐待を行なった加害者は，実母が60.5％，実父が24.9％と圧倒的に母親が多いことがわかる．子どもが小さいほど，母親と子どもの密室育児になりやすく，母親の虐待が多くなると考えられる．

　このような現状を受けて，専業主婦を孤立させずに相談の糸口を作るという意味で，地域における子育て支援事業がすすめられている．専業主婦の母親が乳児期の子どもを連れて気軽に訪れることができ，子どもを遊ばせながら，ほかの母親たちといろいろな悩みごとや愚痴をいい合うことができるような施設，場所を作ることがすすめられている．子ども家庭支援センターといったような名称で，専門のセンターを作るほか，母親主体の「つどいの場」，幼稚園や保育所の一角を子育てサロンのような形で提供するなど，さまざまな形で展開されている．エンゼルプラン時代から，地域における子育て支援事業は行なわれていたが，当初は，児童相談所，母子保健センター，福祉事務所などの公的機関を窓口とした専門家による相談強化が中心であった．しかし，近年の動きとしては，専門家よりも同世代の子育て仲間の母親，あるいは，子育てに関して数年先輩の母親同士によるお互いの情報交換や，相談ができる場の提供に力が入れられている．専門家からの助言はどうしても母親本位になりにくく，また，専門家へは気軽な相談は憚られるということもあって，できるだけ気軽に話ができる，それによって，ちょっとした悩みが解決できる場を提供するという方向で進められている．松田も指摘しているように，地域での母親同士のゆるやかなネットワーク形成が，母親の不安感を緩和するのに非常に役立つのである．

　育児不安やノイローゼの多くは，悩みができた初めの段階で，だれかに相談できれば，おおごとにならずに済む場合が少なくない．ちょっとした悩みや愚痴は父親に話すことができればいいのだが，長時間労働の父親には，話をするまもないケースが多い．また，母親自身も，できるだけ自分で解決しようとし，

夫も家庭のことは妻に任せているのだからという意識が強いと，だれにも相談できずに，家庭内でも，地域でも母親が孤立してしまうことになる．では，なぜ夫にさえ，なかなか相談できないのだろうか．その背景に存在しているのが，母性神話，3歳児神話である．

母性神話と3歳児神話

　すでにみてきたように，共働きの家庭においても，子育てと仕事の調整をするのは，たいてい母親であった．専業主婦の場合は，専業で家事育児をしているのだからと，より育児の負担がかかっているのが現状である．こうした子育てに関する状況は，私たちが母性神話や3歳児神話に囚われていることに他ならない．母性神話，3歳児神話によって，「子育ては母親の責任である」，「母親は何に変えてもまず子育てを優先しなければならない」ということが正当化されてしまっているといえる．こうした意識は，就労している母親にも強い．前述の保育園児の母親に対するインタビュー調査においても，「子どもができたら，子どもがいないときと同じように働くのは無理なので，割り切っている」「やっぱり，男の人には仕事以外のこと（子どもの世話）を考えるのは無理だから，自分が（子どもの）面倒をみるのは仕方がない」「子どもがある程度大きくなるまでは，子育て優先でも仕方がない」といった声が多く聞かれた．

　就労している母親ですら，これだけ「子育ては母親の役割」という意識を強くもっているのであるから，専業主婦ではなおさらである．専業で子育てをしているのだから，より一層「よりよい子育て」「よりよい母親になること」が求められてしまう．少しでも子どもを良い学校にいれ，良い成績をとらせ，良い会社に就職させてこそ，母親として「よりよい子育て」に成功したことになる．そのためには，自分のさまざまなことを犠牲にしても「よい母親」にならなければいけないというプレッシャーが，専業主婦である母親には重くのしかかってくる．こうしたプレッシャーが育児不安や育児ノイローゼを誘発することにもなるが，子育てでわからないこと，不安なことがあっても，よい母親で

あるためには，そう簡単に相談したりもできない．母性神話の原理に基づくなら，ひとりで解決できてこそ，よい母親なのである．そして，こうしたプレッシャーが，肉体的心理的負担となり，「これ以上子どもは入らない」という意識をみちびいてしまうと考えられる．

母性神話，3歳児神話は，研究上は否定されていても，世間的には広く浸透しており，母親の育児負担を強化してしまっているのである．

子育て支援に求められるもの

以上みてきたように，現在の子育て支援は，表向きは母親のみによる子育てを否定し，男性の子育て「参加」を呼びかけてはいる．しかし，現実では，母親自身を含め，社会通念として「子育ては母親が行なうもの」という意識が根強いため，なかなか父親の育児参加には至っていない．政策として，ワーク・ライフ・バランスの観点に基づいて，父親が育児「参加」できるような制度を作っても，「子育ては母親」という意識が強ければ，そうした制度を利用する男性も生まれず，状況は全く変化しない．

つまり，まず重要なのは，「子育ては母親の役割である」という意識を払拭することである．それがあってこそ，ワーク・ライフ・バランスの施策が初めて有効となる．

たとえば，少子化傾向を食い止めた北欧をみると，男性も女性も家庭生活を大事にし，夫婦で家庭の役割を担うという意識が非常に強い様子がうかがわれる．高福祉国で知られるスウェーデンは「夫婦がともに経済活動と家事育児の役割を担うべき」という婚姻法の理念を前提としているため，共働き家庭がほとんどである．そして，夫も当然のごとく，家事育児を遂行している．その背景には，政府が子どもはすべて親の就労にかかわらず，保育所に入所するという全児童全保育制度や，両親休暇制度をはじめとする父親が家庭で家事・育児を十分に遂行できるようなさまざまな施策を実施してきたことがある．さらに，同じく北欧の高福祉国であるデンマークの場合，手厚い社会保障を背景に，仕

事はできるだけ短い時間で済ませ（日本とは逆で，職場に長くいる人ほど能力が低いとみなされる），残業も職場の同僚とのつきあいもせずに，男女とも午後3，4時に帰宅し，家族や地域で過ごす時間を十分にとることを常としている．こうした家庭や地域で過ごす時間が生活にとって非常に重要であるとみなされているためである．オランダの1.5稼ぎモデルも，パート労働などにより，夫婦2人で1.5人分の仕事にし（パート就労であっても，待遇は正社員並みであることが保障されている），その分家庭生活の時間に回すという発想から作られたものである．

　父親の育児参加は，母親の育児不安やノイローゼを防止・緩和するという意味でも，また子どもの発達という意味でも非常に重要である．父親は，実質的な子育てにかかわらなくとも，母親の子育てをねぎらうだけでよいという研究もあるが，共働き家庭では，実質的な子どもの世話を父親が担わない限り，母親の子育て負担は軽減されない．しかし，とくに共働き家庭においては，夫婦だけで子育て問題を解決するのは，なかなか難しいといえる．どうしても，両親の帰宅が保育所の終了時間，学童クラブの終了時間に間に合わないとき，地域で子どもを見守ることができるような体制が必要である．核家族化，地域関係の希薄化が進んでいる日本の現状では，こうした子育てに関して地域の支援体制を作っていくことが必要である．これまでの一連の子育て支援策のなかに，こうした地域での子育て支援体制や，社会で子育てするという姿勢は強調されてきたが，まだまだ十分とはいえない．

　父親が子育て「参加」ではなく，子育て「する」こと，そして地域でも男性を含めた子育て支援体制を作ってゆくこと，これが実現できれば，母親の子育て負担の軽減につながり，少子化の緩和になるかもしれない．しかし，これらを実現するには，性別役割の意識と実態の見直し，そして性別役割に基づいて動いている労働市場の構造を根本から見直さなければならない．社会構造をいきなり変革することは難しいが，私たち個々人が意識的に行動を起こすことで，少しでも状況を改善していくことが必要だろう．

参考文献

バダンテール, E. (鈴木晶訳) (1991)『母性という神話』筑摩書房
ベック＝ゲルンスハイム, E. (香川壇訳) (1992)『出生率はなぜ下がったのか―ドイツの場合』勁草書房
舩橋惠子 (1994)『赤ちゃんを産むということ』NHKブックス
牧野カツコ (1982)「乳幼児を持つ母親の生活と〈育児不安〉」『家庭教育研究所紀要』No.3
牧野カツコ (1984)「中学生の子どもを持つ母親の生活と意識」『家庭教育研究所紀要』No.5
松田茂樹 (2008)『何が育児を支えるのか―中庸なネットワークの強さ』勁草書房
松信ひろみ (2008)「日本におけるワーク・ライフ・バランスの現状と課題」『生活経済政策』3：3-9
松信ひろみ (2010)「共働き家庭における母親の仕事と子育ての両立戦略」『駒澤社会学研究』42号：59-80
目黒依子・矢澤澄子編 (2000)『少子化時代のジェンダーと母親意識』新曜社
内閣府・(財) 家計経済研究所 (2005)『スウェーデンの家庭生活―子育てと仕事の両立』国立印刷局
大日向雅美 (1999)『子育てと出会うとき』NKHブックス
大日向雅美 (2000)『母性愛神話の罠』日本評論社
汐見稔幸編著 (2003)『世界に学ぼう！　子育て支援』フレーベル館
湯沢雅彦編著 (2001)『少子化をのりこえたデンマーク』朝日新聞社

第11章　母子家族

DV離婚後も続くギリギリの暮らし

　四国の一都市で暮らす，みちるさん（仮名　38歳）は，アクセサリーショップでアルバイトをしていた22歳の時に前夫と出会った．（略）結婚をした日に夫に殴られた．何か気に入らないことがあれば殴る．妊娠中も殴られた．お金は稼がない．（略）

　夫の暴力に耐えかね，車に子どもたちを乗せて遠くまで逃げた．幼い子ども2人を連れて働く場は温泉場の芸者しかなかった．置屋のおじさんに乳児を預けて温泉芸者で働いたが，しばらくたつとこの男に「オレの女になれ．でないと旦那にばらすぞ」といわれた．それはさすがにできなかった．すると夫に通報されて元に戻らざるをえなかった．（略）

　夫の元に戻ったがやはり暴力の日々．子どもが生まれ，苦労の末，離婚が成立した．DV防止法ができる前のことだ．母の家に戻ったが，夜中に扉をたたく夫に怖い思いをした．

　その後の生活も大変だった．ハローワークに行っても，子どもがいると聞くと紹介する仕事はないといわれた．子どもを抱えて昼は損保会社の事務や販売など，夜は母に子どもを預けてスナックで働いた．正月は近くの観光地の旅館で仲居をした．（略）

　研修を受け，カラーセラピストの資格を取った．セラピスト養成の仕事もしながら派遣でも働いてきた．収入はギリギリで，上の子どもが高校生になったが，10万円前後の収入と，ひとり親家庭の子どもたちに支給される児童扶養手当約5万円で暮らす．子どもが大きくなると教育費もかかる．（略）

　若い時，暴力を振るう夫にも何にも，自分の思いを主張することなどできなかった．数年前，前夫が子どもを抱く若い女性と歩いているのとすれ違った．こちらをみた夫をにらみ返した．昔より強くなったな，と思う．

　　出所）赤石千衣子「働く生きる」『ふぇみん』第2917号，2010年3月5日を一部省略

🗝 キーターム

ひとり親家族　「欠損家族」というとらえ方を否定し，単に「ツーペアレント・ファミリー」との相対的区別として使用されるようになった「ワンペアレント・ファミリー」の日本語訳として登場．

婚外子　法律婚カップル以外から生まれた子どものこと．非嫡出子ともいう．また，法律婚カップルから生まれた子どものことを，婚内子（嫡出子）という．

第11章　母子家族　177

なぜ，母子家族に着目するのか

　2000年に放映された「NHK朝の連続テレビ小説　私の青空」では，「未婚の母」である「なずな」とその子ども「太陽」が，母子家族に対する偏見などに直面しながら，地域社会に育まれ，成長していく様子が描かれた．歴史の長い「NHK朝の連続テレビ小説」において，初めて「未婚の母」が取り上げられたという意味でも話題となったドラマである．1990年代半ば以降，このようにテレビドラマの主人公に，「未婚の母」や母子家族がしばしば登場するようになった．そのことは，「家族の多様化」現象のひとつとして母子家族をとらえる見方を促した．しかし，現実の母子家族を取り巻く環境は，依然厳しく，とくに離別や非婚による母子家族は厳しい環境に置かれている．もちろん，母子家族のみならず，父子家族にもさまざまな生活問題が存在している．しかし，母子と父子では，その生活問題の様相は異なり，母子家族は，より困難な生活を強いられている．そこで，ここでは母子家族にそそがれるまなざしや，生活問題から，母子家族の現状に迫ってみたい．

新たな用語の登場—「ひとり親家族」「非婚」

　近年，母子家族を表す用語は，新しい言葉に置き換えられている．まず，その意味や経緯について理解しておきたい．

　従来，母子家族や父子家族は，「問題家族」「欠損家族」と位置づけられてきた．つまり，「両親がそろった家族」が「正しい家族」であり，それへの対比として「問題をかかえた家族」「機能の劣った家族」とされてきたのである．

　こうした見方を否定したのが，「ひとり親家族」という概念である．1970年代，イギリス保健・社会保障省のもとで組織化された「ワンペアレント・ファミリーに関する委員会」において，初めて「ワンペアレント・ファミリー」という用語が採用された（京極, 1979）．つまり，「ツーペアレント・ファミリー」との相対的区別として，中立的，客観的な「ワンペアレント・ファミリー」という用語が登場したのである．この用語の登場の意味は，欠損家族というとら

え方を差別として否定し，単に親の数の相違に過ぎないとする価値観の転換である．

日本では，1981年に東京都児童福祉審議会の意見具申「単親家庭の福祉に関する提言」の中で，「ワンペアレント・ファミリー」の訳として「単親家庭」という用語が使用された．以後，各自治体においても使用されるようになったが，「単親」は「単身」と混同されやすいため，「ひとり親」という用語を使用するようになった．このような用語の登場は，「ひとり親」を家族形態のひとつとしてとらえる見方を促進していった．

さらに，「未婚」という言葉に代わって，「非婚」という用語が定着しつつある．「未婚」という言葉は「未だ結婚せず（いずれは，結婚するべき）」という価値観をはらんでいる．一方，「非婚」という言葉には，「あえて結婚せず」という当事者の選択が内包されている．すなわち，「結婚できない，かわいそうな未婚の母」から，「自ら選択した非婚の母」という積極的なライフスタイルの転換を示唆する用語なのである．

ひとり親家族へのまなざし

現在でも，ひとり親家族，とくに母子家族には，偏見や差別といったまなざしがそそがれている．たとえば，「片親の子どもは不良になりやすい」などの言説は，依然として，存在している．また，「母子家族」＝「かわいそう」といった見方は，未だに，人びとの意識に内面化されている．さらに，母子家族の母が，不動産屋に家族構成をいっただけで，「『ここは大家がうるさいんだよ』と，暗に断られた」（しんぐるまざあず・ふぉーらむ編著，2004：40）といった被差別体験も多数語られている（千葉県DV研究会，2001など）．これらは，明らかに「ひとり親家族」を巡る偏見や差別である．

こうした偏見や差別を助長しているもののひとつに，法律や制度にみられる差別的規定がある．たとえば，第10章でみたように民法900条では「婚外子」（法律婚カップル以外から生まれた子どものこと．非嫡出子ともいう．）の相続分は，

婚内子の2分の1とされている．こうした差別は，かねてより指摘され，「自分の意志ではどうにもならない出生による差別」として是正が求められているが（『朝日新聞』2004年10月15日付夕刊），改正されていない．つまり，婚外子が生まれた非婚による家族は，「正しい家族」の形成から「逸脱した家族」とされ，差別的に取り扱われているのである．

これらの背景にあるのは，ファイマンが述べているような「性的家族」（核家族であり，正式に認められた異性愛による夫婦の絆を核とした単位）（ファイマン，2003：153）に内存する「家父長制」原理である．家父長制とは，「家長としての夫，助け手としての妻，子どもという相補的な役割がそろった，明確で社会的に構築された形態をともなう『自明視された制度』」である（ファイマン，2003：43）．「家父長制」原理の下では，家長である「父親不在」の家族は，離婚であれ，非婚であれ「逸脱した家族」にほかならない．

また，アブラモビッツは，「家族倫理」という概念から，「夫なき女性 husbandless women（＝扶養してくれる男性がいない，またはその男性が扶養しない−未婚の母，遺棄された妻等）」は，「懲罰」の対象となることを指摘している．そして，社会福祉政策にこうした倫理が内在していることを明らかにした（Abramovitz, 1986）．「夫なき女性　husbandless women」は，社会保障システムにおいて有利に取り扱われない．中でも，結婚しているが，その男性が一時的に扶養できない状態にある病人・障害者・一時的失業者の妻，あるいはかつて結婚していた女性（未亡人）は，女性自身の罪ではないため「扶助に価する」が，結婚しておらず扶養してくれる男性がいない（未婚の母），またはその男性が扶養しない（遺棄された妻，恒常的失業者の妻）は，扶助に価しないとされる．つまり，「母子家族」に対する差別の背景に，女性は結婚し，子どもを産み育て，男性によって扶養されることが望ましいという「家族倫理」の存在をみることができる．そこでは，女性は家庭外の賃労働に従事せず，それに代わって家族のケア，家内の管理などを無償で行い，感情的なことを供給することが役割とされている．こうした役割を果たさない「夫なき女性」は，扶助

に価しないとされる．たとえば，日本においても，1984年の児童扶養手当法改正案では，「未婚の母」を支給対象から除外することが検討されたことがある．これは，まさしく「夫なき女性」への懲罰といえよう．母子家族に対する偏見や差別の背景には，このような「家父長制原理」や「家族倫理」が存在しているのである．

母子家族の状況

① 日本における離婚の動向と母子家族の概況

それでは，以下において母子家族の状況について確認していくこととするが，その前に，日本における離婚の動向をみてみよう．

現代の日本社会では，ひとり親家族になるのは，圧倒的に離別によるものが多い．図11-1にあるように，1950（昭和25）年以降の離婚件数の年次推移をみると，1967（昭和42）年までは，6万9,000組～8万4,000組で推移していた．1971（昭和46）年には，10万組を超えた．以後，常に10万組を超え，人口千対比においても1‰を超えている．以降，増減はあるが2002（平成14）年の離婚件数289,836件（2.30‰）をピークとして，減少に転じ，2008（平成20）年では25万1,000組（1.99‰）となった（「平成21年度 離婚に関する統計の概況」厚生労

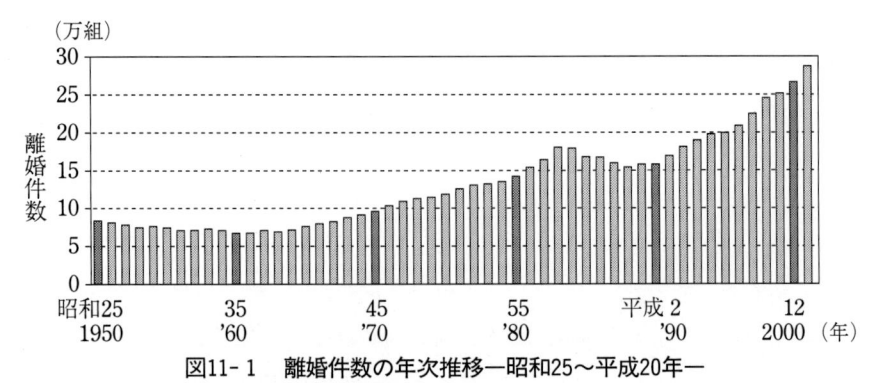

図11-1 離婚件数の年次推移—昭和25～平成20年—

出所）厚生労働省「平成21年度 離婚に関する統計の概況」

働省).こうしてみると,日本の離婚率は,概ね増加傾向にあるが,人口千対比でみると約2％に過ぎない.しかし,日本においては,「家庭内別居(離婚)」という言葉に象徴されるように,夫婦関係はすでに破綻しているにもかかわらず,経済的な要因のため,あるいは「子どものために」我慢し,同居を続ける家族が存在している.つまり,女性の経済的自立の困難や,「子どものため」に「両親揃った家族」を理想とする家族観などによって,離婚を選択しない(できない)状態が存在している.その背景には,「性別役割分業」が徹底している社会構造において女性が働き続けることの困難,それにともなう男女の賃金格差の問題がある.また,両親が揃っている家族を「正しい家族」とする家族観が,ひとり親家族への偏見,差別をもたらし,離婚を選択することの社会的不利として現れている.こうした状況が,離婚率の上昇を抑制してきた要因ともなっている.

他方で,母子家族数は増加傾向にある.表11-1にあるように,厚生労働省が5年ごとに実施している「全国母子世帯等調査結果の概要」(以下,「母子世

表11-1 母子世帯になった理由別母子世帯数及び構成割合の推移

| 調査年次 | 母子世帯数(単位:千世帯) | | | | | | | | 世帯総数(B) | 母子世帯出現率(A/B) |
| | 総数(A) | 死別 | 生別 | | | | | | | |
			総数	離婚	未婚の母	遺棄	行方不明	その他		
1983年	718.1 100.0%	259.3 36.1%	458.7 63.9%	352.5 49.1%	38.3 5.3%			67.9 9.5%		
1988年	849.2 100.0%	252.3 29.7%	596.9 70.3%	529.1 62.3%	30.4 3.6%			37.3 4.4%	39,028	2.2%
1993年	789.9 100.0%	194.5 24.6%	578.4 73.2%	507.6 64.3%	37.5 4.7%			33.4 4.2%	41,826	1.9%
1998年	954.9 100.0%	178.8 18.7%	763.1 79.9%	653.6 68.4%	69.3 7.3%			40.2 4.2%	44,496	2.1%
2003年	1,225.4 100.0%	147.2 12.0%	1,076.4 87.8%	978.5 79.9%	70.5 5.8%	4.4 0.4%	7.9 0.6%	15.0 1.2%	45,800	2.7%

資料)厚生労働省『全国母子世帯等調査結果』各年度,世帯数については,『国民生活基礎調査』各年度より

帯等調査」と略）によれば，2003年時の母子世帯数は122万5,400世帯である．1993年調査では減少しているが，調査年次ごとに増加しており，1998年調査に比べておよそ27万世帯の増加である．全世帯における母子世帯の出現率も徐々に増加し，2003年では2.7％である．

母子家族となった理由は，離婚・非婚といった「生別」によるものが増加しており，2003年調査では約9割と圧倒的多数を占めている．とりわけ，「離婚」の割合は高く，1983年の49.1％から2003年には79.9％と増加がいちじるしい．他方で，「未婚の母」の比率は1998年には約7％を迎えたが，2003年には約6％に留まっている．すなわち，生別のなかでも，離婚の割合は高いが，「未婚の母」によるものは低いという傾向にある．

さらに，日本における離婚をめぐる様相は，女性から離婚を求めることの方が多く，子どもと同居するのは女性であり，離婚後，子どもと夫との関係は疎遠となり，母子家庭の生活は非常に苦しいといった状況があることも指摘されている（榊原，2000：212）．それでは，どのような生活問題に直面しているのだろうか，以下で「全国母子世帯等調査」（2003年版，厚生労働省）を中心にみていくこととしたい．

② 母子家族の生活問題

2003年の「全国母子世帯等調査」によれば，母子が「困っていること」は，「家計」（43.7％）「仕事」（22.5％）「住居」（17.4％）「健康」（10.0％）と続いている．母子家族にとっては，「家計」や「仕事」といった経済的問題が非常に大きいのである．そこで，母子世帯の経済的側面に焦点をあててみたい．第1に，「国民生活基礎調査」（厚生労働省）によると，母子世帯の平均収入金額は，2002年では212万円であり，非常に深刻な生活困窮にあることが推察される．一方，「一般世帯」の平均収入は，589.3万円であり，その差はいちじるしい．調査によって平均収入の金額には，多少の相違がみられるが，「全国母子世帯等調査」においても，2002年の母子世帯平均収入は242万円であった．いずれも厳しい生活状況がうかがえる数字である．なお，「父子世帯」の平均収入も

表11-2 母子世帯の住居所有状況

	総数	持ち家	借家等				
			公営住宅	公社・公団住宅	借家	同居	その他
平成15年 総数	千世帯 1,225.4 100.0%	252.1 20.6%	234.5 19.1%	34.4 2.8%	390.5 31.9%	181.6 14.8%	132.2 10.8%
死別	147.2 100.0%	84.6 57.5%	15.0 10.2%	3.5 2.4%	22.9 15.6%	14.1 9.6%	7.1 4.8%
生別	1,076.4 100.0%	167.5 15.6%	219.5 20.4%	30.9 2.9%	365.8 34.0%	167.5 15.6%	125.2 11.6%

資料）厚生労働省『全国母子世帯等調査結果』平成15年版より

402万円であり，決して高い数字とはいえない．ひとり親家族では，ひとりの成人が家計も家事も，育児も負担しなければならず，経済的不安につながりやすいといえよう．

　第2に，母子世帯の持ち家率について確認したい（表11-2）．母子世帯の持ち家率は，20.6％と非常に低い割合である．とくに，死別母子世帯の持ち家率57.5％に対して，生別母子世帯は15.6％にすぎない．生別母子世帯の低さが顕著である．つまり，母子世帯は，死別によって住居が残される以外に，家を所有することが難しい．それに対して，父子世帯の持ち家率は57.7％である．父子世帯も母子世帯と同様，生別によってひとり親世帯となっているが，こうした差が生じている．住居は収入と並び，経済的基盤を支えるものであり，同じひとり親世帯でも，母子世帯はより不利な状況にあることが推測できる．

　しかし，このような母子世帯の貧困は，不就労が原因ではない．表11-3にあるように，母子世帯の母親の8割以上は就労している．なかでも生別母子世帯の就業率は高い．要するに，母子世帯は，不就労のゆえに低収入なのではなく，就労しているにもかかわらず低賃金なのである．そこからは，母子世帯の母の不安定就労が推測できる．たとえば，従業上の地位をみると，「常用雇用」は約4割に過ぎず，「臨時・パート」がおよそ5割である．ただし，ここでの

表11-3　母の就業状況

区分	総数	就業している	従業上の地位							不就業
			事業主	常用雇用者	臨時・パート	派遣社員	家族従業者	その他	
平成15年総数	千世帯 1,225.4 100.0%	1,017.3 83.0% 100.0%	43.2 4.2%	398.5 39.2%	498.1 49.0%	45.0 4.4%	15.0 1.5%	17.6 1.7%	204.5 16.7%
死別	千世帯 147.2 100.0%	109.3 74.3% 100.0%	7.1 6.5%	34.4 31.5%	58.2 53.2%	2.6 2.4%	3.5 3.2%	3.5 3.2%	37.9 25.7%
生別	千世帯 1,076.4 100.0%	907.1 84.3% 100.0%	36.1 4.0%	363.2 40.0%	439.9 48.5%	42.3 4.7%	11.5 1.3%	14.1 1.6%	165.7 15.4%

資料）表11-2に同じ

「常用雇用」とは会社，団体，官公庁などに雇用期間について別段の定めなく雇われているものをいい，必ずしも正規雇用者を意味しているわけではない．こうした数字から，母親たちは，不安定な低賃金就労に従事せざるを得ない状況にあることがうかがえる．

　なお，不就労の理由は，「休職中」(33.5%)，「病気で働けない」(24.0%) 等の理由もあるが，「子どもの世話をしてくれる人がいない」(12.5%) といった理由もある．母の就労には，子どもを預ける保育が欠かせない．それにもかかわらず，たとえば，保育所入所待機児童は，2008年4月現在，全国で1万9,550人（厚生労働省雇用均等・児童家庭局保育課）にも上る．女性，とりわけ母親が働く環境は，まだまだ未整備である．このように，収入金額，持ち家率，就労状況などからみても，母子世帯の経済的問題が深刻化していることは明らかである．ダイアナ・ピアースは，1976年のアメリカにおいて貧困な成人のおよそ3分の2が女性であったことを強調するために，「貧困の女性化（Feminization of Poverty）」という概念を提起した（杉本，1986；オザワ，1990）．母子世帯の貧困問題からは，日本においても「貧困の女性化」が深化していることが

うかがえる．

　母子世帯の貧困問題は，つまるところ性別役割分担（観）が徹底した社会における女性労働をめぐる問題である．家事・育児等の負担が女性に集中するなかでは，女性の就労継続は困難である．しかし，いったん退職後に職業復帰する一時中断再就職では，「経済的自立可能な賃金」の獲得は困難である．

　一方，「困っていること」に関する父子世帯の回答は，「家事」(34.6%)，「家計」(31.5%) と続いている．父子世帯においても「家計」は大きな問題であるが，それ以上に，「家事」について困難を抱えている者が多い．同調査において，「家事」をあげた母子世帯は1.1%にすぎず，その差は大きい．つまり，男性は仕事，女性は家事といった「性別役割分業」に則った結婚の破綻が，それぞれに困難をもたらしている．そして，その背景には性別役割分業（観）を基盤とした社会システムの存在がある．

　さらに，母子家族に関する，経済的側面以外の生活問題としては，住居の喪失，子どもの養育に関する課題，健康不安，差別・偏見など多様な問題があげられる．加えて，女性たちは，「離別した相手の男性の間で解決されていない事柄による葛藤，女性としてのアイデンティティの揺らぎ，ひとり親世帯に対する社会的な差別や偏見からくる葛藤，親族間の軋轢からくる葛藤，子どもに対するさまざまな葛藤」（湯澤ほか，1997：317）を内面に抱えている．これらは重層化し，複合化した問題となって出現している．

「多様化する家族」として

　前項でみてきたように，現在，母子家族となった理由には圧倒的に離婚が多い．今や，一度の離婚歴を「バツイチ」とよぶなど，離婚に対するイメージは明るいものに変わりつつある．離婚を肯定する意識も，若年世代を中心に高くなっている（図11-2）．しかし，ひとり親世帯，ことに離別母子世帯は，上述したような多岐にわたる生活問題に直面している．それでもなお，離婚した女性たちからは，離婚によって「精神的安定が得られた，自由になった，自律的

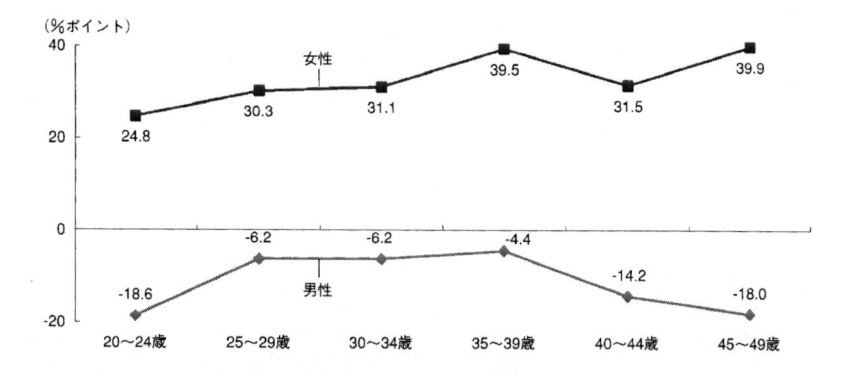

```
(%ポイント)
40                         女性            39.5           39.9
            30.3    31.1           31.5
20  24.8

 0
          -6.2    -6.2    -4.4
        男性                    -14.2   -18.0
-20 -18.6
   20〜24歳 25〜29歳 30〜34歳 35〜39歳 40〜44歳 45〜49歳
```

備考) 1. 内閣府「国民生活選好度調査」(2005年)により作成.
2. 「離婚についてお尋ねします．近年，離婚が増加してきましたが，あなたはそれについてどうお考えになりますか．あなたの考えに一番近いものをお選びください．(○は1つ)」と尋ねた問に対して回答した人について，「問題のある結婚生活なら早く解消した方がよい」又は「自分の生き方を大切にするようになった反映である」を「肯定」，「家族のきずなが希薄になったことであり望ましくない」，「子どもが犠牲になる可能性があり望ましくない」又は「いったん結婚したら最後まで努力して添い遂げるべきである」を「否定」として，「その他」，「わからない」及び無回答を除き，それぞれの割合を算出．その上で，「肯定」割合から「否定」割合を引いた差を示した．
3. 選択肢はほかに，「社会における離婚への抵抗感が薄れておりやむを得ない」．

図 11-2　離婚肯定割合から否定割合を引いた差

出所)　内閣府『国民生活白書　平成17年』

に生活できる」(埋橋, 1999：184) など，「精神的自由と自律性」を獲得したという声があがっている．つまり，離婚による母子家族の形成は「家族の崩壊」ではなく，母と子による「家族の再生」にほかならない．こうした見方を位置づけていくためには，ファイマンがいうように「性的家族」(ファイマン, 2003：153) を絶対視する呪縛から解き放たれることが必要である．同性愛カップルもひとり親家族も「多様な家族」のひとつとみなされる社会にならなければ，偏見や差別にさらされることなく女性がひとりで子どもを産み，育てられる社会は到来しないだろう．

📖 **参考文献**

『朝日新聞』2004年10月15日付夕刊

Abramovitz, Mimi, (1986) "Social Policy and the Female Pauper: The Family Ethic and the U.S. Welfare State" Bergh, Nan Van Den & Lynn B. Cooper ed., *Feminist visions for social work*, NASW.
埋橋孝文（1999）「離別シングルマザーの生活と生活意識」社会政策学会編『社会政策学会誌第1号　日雇労働者－ホームレスと現代日本』御茶の水書房
オザワ，マーサ・N.（1990）「アメリカにおける貧困の女性化」『季刊・社会保障研究』Vol.26, No.3　国立社会保障研究所・人口問題研究所
京極高宣（1979）「イギリスにおけるワン・ペアレント・ファミリー研究の動向―"one-parent family"と"broken family"との概念的相違にふれつつ」『母子研究』No.1
厚生労働省雇用均等・児童家庭局保育課『保育所入所待機児童数調査』http://mhlw.go.jp
厚生労働省大臣官房統計情報部（2007）『平成18年　人口動態統計の年間推計』
榊原富士子（2000）「夫婦関係の終結のあり方―離婚をめぐる諸問題」善積京子編著『結婚とパートナー関係』ミネルヴァ書房
しんぐるまざあず・ふぉーらむ編著（2004）『シングルマザーに乾杯　離婚・非婚を子どもとともに』現代書館
杉本貴代栄（1986）「『貧困の女性化』現象とレーガン福祉政策」『社会福祉研究』第38号　鉄道弘済会
千葉県DV研究会（2001）『平成13年度「女性への暴力実態調査」（面接調査編）』p.176
ファイマン，マーサ・A.（上野千鶴子監訳・解説，速水葉子・穐田信子訳）（2003）『家族，積みすぎた方舟』学陽書房
湯澤直美・佐々木早苗・石川みどり（1997）「母子・女性問題と福祉サービス　1　母子世帯の抱える生活問題と行政施策」小野徹郎他編著『公的扶助と社会福祉サービス』ミネルヴァ書房

第12章　家族の介護と看取り？──高齢社会と家族──

保護者への解説

　…深刻な病気は，大人と子どもの両方に不安を抱かせます．そしてそれが「家族のだれかが死んでしまったらどうなるのか」という難しい問題について話をする，初めての機会になるかもしれません．確かにこんなことを考えないようにするということが一見容易にも思えますが，このようなことは，気分が沈んでいるときや具合が良くないときに何らかの形で私たちの頭に忍び込んでくるものなのです．子どもたちもまた，こういった秘かな不安を抱いています．こういった話をしないこと，または子どもがかかわることを認めないことは，家族に起こりつつあることに対処する方法のひとつであるともいえます．ただ，このような体験をした子どもたちは，たとえそれがいちどには得られないものであっても，何が必要なのかはっきり知っています．それは…

出所）Ann Couldrick（1991），*When Your Mum or Dad Has Cancer*, Sobell Publications.
　　（阿部まゆみ・田中しほ編訳（2005）『お父さん・お母さんががんになってしまったら』ピラールプレス，p.2.）

キーターム

高齢化率　　総人口にしめる65歳以上人口の割合.
少子高齢社会　　出生率の低下によって，相対的に高齢化率が上がり，15歳以下の人口よりも65歳以上人口が多くなった社会.
グリーフ　　対象喪失による，精神的・行動的・社会的・スピリチュアルな反応，その経験のプロセス.
ビリーブメント　　喪失の状態，とくに愛する人を失った状態.
グリーフワーク　　喪失による激しい痛みを伴う感情を表現すること.
予期悲嘆　　愛する人の死が近いことを知り，その瞬間に至る前に来るべき悲しみを予測した悲しみに襲われること.
緩和ケア　　「緩和ケアとは治療が最重要ではなくなった病人への積極的，総合的なケアのことである．痛みやその他の症状のコントロール，精神的，社会的，霊的な問題のコントロールが最重要とされる．」（WHO，1990）

🔖 高齢化の実態

　ここで述べたいことは，社会の高齢化は20世紀に生じ，21世紀にかけて明確になった現象であり，家族に介護問題を突きつけるということ，そして，社会は，とくに医療は人びとの長くなった人生の末の死を家族から取り上げてしまったということである．

　日本の高齢化には4つの特徴があるといわれる．

（1）　高齢化率は，欧米先進諸国と比較してもっとも高い．
（2）　高齢化が表面化したのは1965年頃からと考えられており，この問題の歴史は新しい．
（3）　高齢化のスピードが非常に速い．
（4）　国民全体の平均年齢が世界でもっとも高い．

　こうしたなか，2010年時点での高齢化率は22.0％を超えている．現状では，国民の5人にひとりが65歳以上という計算になる．

　日本の高齢化は，1950年ごろまでは5％程度で推移していたが，1985年に総人口の10％を上回って以来，毎年0.5ポイント程度のペースで上昇．国立社会保障・人口問題研究所の推計では65歳以上の人口は今後も増えつづけ，2015年には3,188万人となって，高齢化率は25％を超え総人口の国民の4人にひとりに達すると見込んでいる．さらに，2050年には35％を超える．

　これに伴い，後期高齢者（75歳以上）の割合も増える．全人口に占める75歳以上人口の割合は，1998年こそ6.4％だが，2000年には7％に達し，2010年には10.5％，2025年には，15.6％になる見込みであるという．

　高齢化率が高いこと自体何の問題もないが，個人の心身の健康，経済，社会関係，生きがいなどの加齢にともなう喪失現象が問題視され，それらを支える福祉を含む社会システムのあり方が問われることとなった．それ以前に事実かどうかは別として家族の小規模化とそれに伴う「扶養力」「介護力」の低下が取り沙汰されている．極端ないい方をすれば，「高齢化と家族の問題は大増税を容認し，そのうえで高齢者の雇用や年金制度，医療や介護，福祉サービス，

介護保険制度を整備してもらえればよい」というような単純なことでは解決しない．

家族に介護義務はあるか？

　日本では，従来三世代直系家族が老親の面倒をよくみていたという幻想がある．長男が「あととり」として親を扶養し，面倒をみていたことは確かであるかもしれない．しかし，岡本祐三が，津軽の郷土史家から聞いたという以下の部分を読めば，その面倒というのがどのようなものであったかがわかる．

> 　常時蒲団の上で生活しているが，なんとか身を起こすぐらいはできる，そういう状態になると，朝一家総出で田んぼへ行く前に，枕元におにぎりと水を置いておく．昼間は，『なげておく』（放置しておく）のがふつうでした．夜，家に戻ってから，ようやくオシメを換えてやるだけ．その代わりに，できるだけ栄養のある食物―主に卵を優先的に回してやったりしていたもんです．

　そして，まったく起きられなくなったらどうしたかというと，食べ物も水もあたえないようにして，苦しませないように死期を早めたという．老人のほうもそうなると覚悟を決め，その扱いを受け入れたので，何年も寝込むことはありえなかったということだ．

　繰り返しになるが，老親の扶養だったり，介護だったりは，古き良き日本の美風ではなく，ここ20～30年の新たな社会問題である．しかし，上のような理由で，個々の家族の私的な問題として片づけられてきた．しかも，「あととり」の扶養・介護義務も手伝って，とくに介護においては「家族で処理すべきこと」とされてきたのである．

　ところが，みんなひとりっ子の時代になって，一組の夫婦にとって「老親介護」は気持ちや規範の問題というよりも物理的な問題となってきた．すなわち，「愛情があるから」とか「年老いた親の面倒をみるのは子の勤め」という動因で行なわれるという次元を遙かに超えて，どんな理由にせよ介護は「不可能な

こと」になりつつある．

　しかし，そもそもこの不可能なことは，他の家族員の義務なのだろうか？春山満がニューヨーク近くのナーシングホームの施設長から聞いたという言葉を拝借して「再掲」しておく．

　　「老いは子どもには関係ありません．親の老いのつけをなぜ子どもが払わなければならないんですか.」

　さまざまな条件の違いをあえて無視していえば，アメリカには，本人以外に自分の老いの責任をとるものはないことになる．

　老親の介護に家族はどれだけ機能するか？

　唐突だが，20世紀のほんとうに最後にさしかかった頃，国兼由美子さんの「あの一瞬」という詩が人口に膾炙したのも偶然ではない．

　　母のため，
　　いいえ，私のために
　　早くお迎えがきてほしいと願った一瞬があった．

　　母が死んだ日
　　祈りが神に届いてしまったことを悔やんだ
　　……

　感傷をいれずにいえば「家族の介護機能」あるいはそれを「介護力」といい換えても，所詮（長くもたないという意味で）このようなものだ．

　国際家族年の理念のひとつは「標準的な家族像を探さない」ことだったから，家族を「介護規範」からも開放してやってはどうだろうか．核家族や近代家族だって，歴史的一形態だった．その家族にたまたま「介護規範」が付録としてセットされたのは，高齢化問題がかまびすしくなったごく最近のことである．

🔎　福祉政策と家族のかかわり

　次に，同居に関して，お話ししておきたいエピソードがある．

　ずいぶん前になるが，1992年9月中ころ，ストックホルム郊外のダーレンサ

ービスハウス（高齢者のケア付き住宅）で，当時74歳の入居者にインタビューする機会があった．「3週間に一度しか，息子さんに会えないなんて，お寂しいでしょう？　どうして，同居することになさらないんですか？」と聞いてみたところ，怪訝な表情で一言，「ねえ，あなた，息子には息子の仕事や人生があるのよ」とだけ返事が返ってきた．

日本に話を戻すと，政府がようやく「家族だけでは老親を支えきれない」ということに配慮した政策を打ち出したのは，もしかすると，1989年のゴールドプランの策定時かもしれない．それまでは，気づかぬふりをしていた．正確にいえば，「2015年4人に1人は65歳以上になる」という（当時の）厚生省発表ですべてが始まった．2020年，すべての都道府県で世帯主が65歳以上という世帯が3割を超える．さらに，2055年には高齢化率は40％を超えるという予測が出てきている．すさまじい数字である．

「家族介護」と心のケア

本人も家族も，規範に縛られずに，したいようにすればよいのである．ただし，いくら「介護したい」といっても素人である家族には，要介護状態の祖父母や両親をケアしようとすると，技術的問題が生じてくる．技術がないために虐待などということも生じてきかねない．「やはり，介護はプロの手で」という選択肢も考慮に入れた上でである．

筆者が，老親の「介護」を社会や市場に委ねたいといっているのは，ホームヘルプサービスやデイサービスなどの支援が充実すれば，少なくとも，家族の物理的負担は軽減されるからである．くたくたにならずにすむ状況ではじめて精神的なゆとりが取り戻せるのであり，家族の本来の機能である愛情の授受が可能になる．

必ずしもそうする必要があるかどうかは別として，家族の老いや病に対して，ともに生きる雰囲気づくりを具体的に「こころのケア」というのではなかったか．そこまでいかなくとも，家族員の老いや病を自然に受け入れ，つきあって

いくことで「心のインフォーマル・ケア」が成立するとしたら、それを可能にするのが、フォーマルケアなのである．

公的介護保険は家族を救うか？

「介護の社会化」の切り札として登場したのが「公的介護保険」である．

日本は，1995年から日本に先んじて導入されたドイツの介護保険のさまざまな問題を十分みていたはずである．仕組みだけをみていると，どうも，1995年から日本より先んじて介護保険を導入したドイツの方が，うまく「家族介護」を制度のなかに取り入れている気がして仕方ない．

これまで日本では「在宅ケア」というと，「家族介護」という意味だった．それは，実際にホームヘルパー数が圧倒的に不足していたからである．介護保険施行後も，在宅介護については，サービスの供給が不足し，本来受けられるはずの4割程度しかサービスを利用できない見通しだった．当分の間不足分はどんなかたちにしろ，私的に補っていくしかない状態が続いた．介護の社会化の仮面をかぶった介護の家族への封じ込めが行なわれたのである．ドイツを含め，欧米では「在宅ケア」は文字通り，「自宅でのケア」という意味である．ドイツでは日本のように高齢者の4割以上もが子どもと同居してはいないので，老人介護士ないし無資格ヘルパーが実際の介護にあたった．

さらにドイツでは，家族介護への支援体制がととのっている．すなわち，家族や隣人の介護を積極的に評価し，三段階の評価にあわせた現金給付と介護による障害保障がある．さらに，年6週間の休暇（文字通り介護を休むこと）中にはショートステイが利用できる．日本では，当初，家族介護への手当てはまったくなしに，公的介護だけでできるとしていた．しかし，しばらくして，政府レベルの見直し論すなわち家族介護手当て導入論，自治体レベルの独自給付論がでてきたのも不思議ではない．ただし，給付金が出たところで，必死で介護する家族を鼻で笑うような額でしかない．

介護保険の改定

……と，前節まで書いたのは，介護保険導入前夜のことである．導入後10年たって，予測はどうなったかを考えてみたい．結論からいえば，要介護人認定への不信，一部地方での保険金や利用料の高騰と低所得者の利用抑制問題，在宅と施設の利用バランス，家族の介護負担増と，筆者らの悪い予感はすべて的中してしまった．

介護保険は，「家族の介護負担」を軽視しすぎたために，介護施設への流れを食い止められなかった．単純に施設利用者への給付の方が在宅よりも大きかったからである．要介護者を抱える家族の心理をいえば，施設にさえ入れてもらえれば安心していられる．しかし，介護保険が目指したものと要介護者を抱える家族の本当の希望はこうだっただろうか．

介護保険導入に，国側は，わずか3～4年の検討期間しかおかなかったこと，他人を家庭に入れて介護を頼むことを潔しとしない（あまりよいこととは思えない）日本人の心性を読み違えたことが原因で，在宅という原則は有名無実化した．家族とケアに関する国民感情を無視したニーズ把握しかできなかったためである．

家族はどこまで介護するのか？

これまでの論旨を整理したい．まず，現在日本は，空前の高齢化が進行中である．社会の高齢化は，人びとの家族関係を長期化させ，老いた家族員たちの関係を，あるいは，老いた家族員と年少の家族員の歴史上経験したことがないという意味で新しい関係を現出する．家族員の誰かが倒れたら，ケアラーは，家族内にはひとりしかいないのがふつうだ．これが「介護疲れ」や「共倒れ」や「虐待」につながる．

そこで，この介護を外部化・社会化するための装置として，介護保険が導入された．しかし，開始後すぐに要介護者をかかえる家族が気づいたことは，この制度は自分たちの負担を少しも減らさないのではないかということであった．

「家族はどこまで介護させられるのか？」という疑問がわきあがる．介護させるのは，そのほうが都合の良い政府であり，「年寄りは子どもや配偶者が世話するもの」という「家族介護規範」を内面化してしまっている，私たち自身なのである．

残された家族の物語

いくら懸命にケアしても，順序からいって老いた父母には先立たれてしまう．筆者は母方の祖母と父の死についてはいまだに心の整理がつかず，苦い思いを抱いている．

筆者はどの祖父母にも大変かわいがられていたが，最初にこの世を去った母方の祖母の死には肉親として係わらせてはもらえなかった．この意味からは，亡くなる2～3年前から筆者にとって祖母の存在はなかったといってよい．それにしても，母の実家は私の家から徒歩で10分もかからないところにあり，会おうと思えばいつでも会えたのだろうが，晩年はあまり会っていない．祖母もまた人に会うことを拒んでいたし，祖母が最後の入院をしてからは，周りの人たちが気をまわしたおかげで当時高校2年生だった筆者は，見舞いにも行かせてもらえずじまいだった．したがって，いまだに筆者は，大好きだった祖母にちゃんとお別れをしていないまま今日を迎えている．葬儀にしてもそうだ．祖母の子どもであるところの母を含めた叔父たち親族は，自分たちのことでせいいっぱいという様子で，年齢的にかろうじて子どもの部類に入る筆者たちの思いなどまったく無視された．

他方，父の死については後悔ばかりである．すなわち，「なぜあの時…」という思いばかりが頭をよぎる．まずは，父ががんで倒れたときの入院先，遠いふるさとへの見舞いの頻度，父の治療法，病室での会話，看取りができなかったこと，父の最期の場所などなどである．ほんとうにあれで良かったのかという思いがいまだにある．

ある時期までは，祖母のことも父のことも自分だけの特殊な思い込みである

と信じ込んでいて，人にいったら笑われるかもしれないと思い，誰にもいっていなかった．

ところが，少し勉強してみると，以上のことは筆者だけでなく多くの人が共通にいだく思いであることと，誰もが程度差はあっても自分の悲しみや感情のあり方を特殊異状だと考え，心の奥に深くしまいこんでいることがわかった．

グリーフとグリーフワーク

人の死とそれにまつわるもろもろのことは，隠匿しなくて良かったのである．だから，ここで大いに語ろうと思う．身近な人の死にまつわる悲しみをグリーフ（grief）というが，このつらく悲しいできごとは，ケイ・ギルバートによると，ひとりでは耐えられない種類のものであるという．

> 「自分だけを頼ってひとりで生きていけると思っている人はおろかでしょう．私たちはときどき自分で何とかできると思うもの以上の試練にぶつかることがあります．そんなときに手を差し伸べてくれるのが家族や友人，そしてたまたまそこにいる見知らぬ人なのです．」（ケイ・ギルバート）

アメリカやオーストラリアでは，家族がいない人たちには，グリーフケア専門家がつくのが一般的である．そして，専門家たちはその人たちが充分に悲しむという営みができるように手伝うのである．愛するものの死を悲しむ営みをグリーフワーク（grief work），援助者がその営みを自然な方向へと導くことをグリーフケア（grief care）という．

父や祖母を失って落ち込んでいるそれぞれのときの筆者に「あなたは，異常ではない」とひとこといってくれる方がいてくれたら，どんなにか楽であっただろう．

ケアに携わる人は，専門家であっても，そうでなくとも自分のなかにある悲しみと向き合い，それを知り，ケアに及ぼす影響をも知る必要がある．これを自己認知という．人それぞれグリーフワークの仕方は異なる．

「愛する人を失い悲しいのは，普通の感覚であること」，「その感情をかくさ

ず思いっきり悲しんでいいこと」をつたえ，やさしく支えるためには，自らのグリーフのあり方を正確に知る必要がある．大人や専門家として，今対しているグリーフが相手のものか，呼び覚まされた自分の過去のグリーフかを見分ける必要があるからである．

主役は誰か？

それにしても，グリーフケアで難しいのは，子どもにしろ，大人にしろ，愛する人の死をはさんで，物語の主人公が死にゆく人から残されたものへとシフトすると考えられていることである．しかし，主役とは，もっともその意見や望みを尊重されていい人であり，ひとりではなく，患者であり家族でもある．

病院現場では，この主役を無視したドラマが展開される．結局，周りのものが自分の都合で，患者（英語で the dying，まさに死に行く人を指す）の最期から死後のことまで決めてしまう傾向がある．

とくに末期の場合，必ずしも単純ではないが，延命を続けるか緩和ケアでいくかの判断でさえ，まわりの勝手な思いで振り回される．このとき患者本人よりも家族のかかわり方に左右されて，死という最後の仕事が本人から取り上げられてしまうのである．

すなわち，「親を失った自分の存在が想像できない」として，親の死を先延ばしする都合のために，延命を希望する不埒な輩までいる．また，単に生体反応があるだけでいいという人たちもいる．そうなってくると，死にゆく本人の気が確かなときの希望も何もあったものではない．恐ろしい話ではあるが，家族は，それぞれの想像で死にゆく肉親の心情や身体状況を推し量っているに過ぎない．しかも，その人がいない近い将来を思い，暗然としているのである．

死の準備教育

しかし，これらのことで無意識にしろ愛する人の死をゆがめてしまったとしても，はたから責める筋合いのことではない．

大体が死を語ることはタブーであったし，QOLを語ることさえなかった時代の人たちには，愛する人の医療にがんじがらめにされた死の経験は初めてのものである．柏木哲夫によると，病院は人びとが死を迎えるのにふさわしいところでない．それは，以下の4点が問題だからだという．すなわち，（1）やりすぎの医療のなかでの死，（2）苦痛の緩和が不十分ななかでの死，（3）精神的なケアが不足しているなかでの死，（4）個性が重んじられないなかでの死である．

（1）は，上にも述べたが，がんの末期患者に余命いくばくもない段階で抗がん剤を打つことが適切か？　という問題である．（2）は，不治だというときに第一にしなければならないのは，苦痛を緩和することだといわれているが充分ではない．（3）は「今，何が一番つらいか？」という問いかけの問題である．（4）は，末期の患者の最後の希望を聞けるかという問いである．

またしても私事だが，自分の父の場合，なにがかなえられたかは疑問である．今にして思えば，死を忘れた生活のなかでわが肉親たちは死を迎えた．昔と違い人びとの死が病院に独占されてしまった現在において，デスエデュケーションがないと家族を看取ることさえかなわなくなってきている．

デーケンは，生と死を考えるなかで，5つのテーマを提唱している．1．死への準備，2．喪失体験と悲嘆教育，3．自殺予防教育，4．交通安全教育，5．エイズ教育である．

このなかで，死への準備教育は，とくに肉親が不治の病に侵された場合の告知や対処法から患者の心理の理解，家族として，援助者として何ができるかなどの学びである．また，喪失体験と悲嘆教育は，死に伴う悲嘆を理解し，そのなかにある人への援助のあり方等について学ぶのである．

家族とグリーフ

ここでは，残された人の生のために，デーケンの悲嘆のプロセスの12段階を記しておく．①精神的打撃と麻痺状態，②否認，③パニック，④怒りと不当

感，⑤敵意とルサンチマン（うらみ），⑥罪意識，⑦空想形成，幻想，⑧孤独感と抑鬱，⑨精神的混乱とアパシー（無関心），⑩あきらめ―受容，⑪新しい希望―ユーモアと笑いの再発見，⑫立ち直りの段階―新しいアイデンティティの誕生である．しかし，だれもがこの通りではないし，悲嘆の表現はまったく人の数だけあることは上記した通りである．

したがって，一般化された対処法といったものを示すつもりはない．しかし，死別に対するいくつかの神話があり，それらが私たちを苦しめるので，とり挙げて否定しておく（Brunell, G.M. & Brunell, A. L, 1989）．

① 時間がすべてを解決する．

　こんなことは，ありえない．実際，筆者の父を失った悲しみは時間がたっても消えることはない．

② 悲嘆は半年から1年続く．

　悲嘆が何年続いたとしてもそれは，悲嘆のプロセスにはその人固有の期間があり，決して短いほうがいいとはいえない．

③ 喪失について考えないほうが苦しみは少ない．

　家族を失ったことについて考えない方が悲しみが少ないといわれるが，無理に喪失体験を忘れようとすると悲嘆のプロセスを正常に歩めなくなる．喪失について考えなければ，後でもっとひどい状態になる可能性がある．

④ 喪失について触れないほうが，死別体験者にはいっそう助けになる．

　逆になくなった方の思い出話をした方が，悲嘆の正常なプロセスに役立つ．

⑤ 怒りや罪責感を感じるのは異常である．

　怒りや罪責感は悲嘆のプロセスとしては通らなくてはならないランドマークのようなものであるといわれている．であるから，一時その感情に浸ったとしてもそれは決して異常ではない．

⑥ 泣いたり悲嘆について話す人は，感情を出さずに喪失を口にしない人よりも，ずっと苦しい時を過ごしている．

　これは正反対である．喪失のことを話したり，感情を表出し，泣いたり叫

んだりすることができる方が早く辛い状況から立ち直ることができる．自分の感情をあらわにする場所をもっていない人が，感情を表出できる適当な場所として自助グループがある．

⑦　悲嘆は家族をお互いに親密にする．

　悲嘆は家族構成員に多様な反応を作りだす．一時的に相互の回避などを起こすこともあるという．

⑧　子どもたちは幼すぎて死を理解できないので，死の概念について話し合うのは，子どもが大きくなるまで待つのが最良である．

　上述のようにこれは逆である．子どもには死を教えない方がいい．とくに小さい子どもには教えない方がいいということが一般的である．これは非常に危険である．どういうことが起きるかというと，子どもにとっては親のどちらかが突然なくなるわけである．その説明を誰からもしてもらわない場合，その子どもの精神の成長に障害が起きることがよくある．

⑨　愛する人の遺体を見ないで済ますことができれば，通常それは遺族にとってずっと安楽である．

　しかし，実際に遺体を目近にみてお別れをすることは，大切なグリーフワークのひとつである．これを怠ると後悔の種を増やすことになりかねない．

⑩　薬物やアルコールは悲嘆の痛みを緩和する．

　安定剤は，たどらなくてはならない悲嘆のプロセスを遅らせてしまう可能性がある．次に，アルコールは飲めば飲むほど自責の念が強くなり，かえって辛くなる．

⑪　悲嘆しすぎると，健全な精神を喪失する．

　これもまったく逆である．

⑫　悲嘆が前もって予想されている人には，悲嘆のプロセスが楽である．

　これもまったく根も葉もない．

⑬　怒りは悲嘆の正常な情緒反応ではなく，その表出を奨励すべきではない．

　逆に，怒りは悲嘆の正常な反応である．

⑭ 悲嘆のプロセスは短いほうが良い．

　理性のコントロールによる悲嘆プロセスの短縮化は，数ヵ月〜数年後に身体症状の形で再発することがある．

⑮ なくなった夫とコミュニケーションを続ける妻は，病的規制をしている．
　これも必ずしもそうとばかりはいえない．

⑯ 自殺者の遺族と話す際には，自殺についての話題をもち出してはならない．
　これも，逆になくなった方の思い出を話すほうが，積極的に悲嘆のプロセスを歩むことにつながる場合がある．

　本章の後半では，死別とグリーフケアについて述べてきた．結論からいえば，これまで日本社会は家族の死とそれに伴う悲嘆に無頓着すぎた．それで，悲嘆を含むデスエデュケーションが必要なのである．死を意識して生きることを表すメメント・モリ（memento mori）というラテン語があるが，まずこのことから始めたい．

　死を忘れて生きたとしても，死は必ず訪れる．そして，そのことを忘れている人たちにとっては，それは突然やってくる．本人にとっても，家族にとっても，不意打ちをうけるよりはある程度そのときを予測できたほうがいい場合もある．明日死ぬと思えば，今をどう生きるのか？　これを考えることは，自分自身のケアにつながるのだ．

　また，デスエデュケーションが必要な理由として，それを受けていれば，上に挙げた神話にとらわれず，ごく自然なグリーフの過程をたどることができるのである．

　先のケイ・ギルバートの引用のように，家族が自力でグリーフという仕事を営むことができない場合もある．そういった場合には，まだまだ数は少ないが，グリーフケアワーカーや心理士，ソーシャルワーカー，ある場合にはスピリチュアルケアワーカーに相談することも考えたい．スピリチュアルケアワーカーは，ボランティアの場合が多いが，死や死後のことについて直接的に話のでき

る信頼のおける人たちである．ケアワーカーであるから余計なことはせず，寄り添ってくださる．余計なこととというのは，癒しの結果を急いだり，自分の価値観を述べたり，求められてもいないのに信仰を説いたりすることである（村上，2003）．そんな態度をとってしまったら，家族を更なる苦悩へと追い込むことになる．

　その家族の数だけグリーフワークの形があることは，上に述べたとおりである．本書のはじめのところで指摘したように，家族がきわめて情緒的，主観的に規定されるものだとすれば，悲しみのときにこそ，その本質が問われるといってよいだろう．すなわち，生物学的には存在しなくなった「家族」の精神性や価値を受け継ぎ，しっかりと守るということで，亡くなってからも関係がつづく．家族関係はある家族員の死によって終わるのではなく，死してなお続くと思えるかどうかが，悲嘆からの回復のひとつのポイントである．

　このように家族が死と向き合い，正当なグリーフワークを堂々とできるようになったのも，時代が20世紀から21世紀へ移行するこの時期だったのである．

参考文献

相川充（2003）『愛する人の死そして癒されるまで』大和出版
Burnell, G.M. & Burnell, A.L. (1989) *Clinical Management of Bereavement*, Human Sciences Press.（長谷川浩ほか訳（1994）『死別の悲しみの臨床』医学書院）
デーケン，A.・柳田邦男編（1997）『〈突然の死〉とグリーフケア』春秋社
春山満（1999）『介護保険・何がどう変わるか』講談社現代新書
平山正美（2004）『自ら逝ったあなた，遺された私』朝日新聞社
久田恵（1999）『家族だから介護なんてこわくない？』海竜社
星野貞一郎（1998）『保健医療福祉の社会学』中央法規
副田義也（1997）『おとうさんがいるって嘘ついた』廣済堂
金子勇（1995）『高齢社会何がどう変わるか』講談社現代新書
柏木哲夫（1997）『死を看取る医学』NHKライブラリー
ケイ・ギルバート（大石佳能子訳）（2005）『悲しみから思い出に—大切な人を亡くした心の痛みを乗り越えるために』日本医療企画
厚生労働省監修（2009）『平成21年度版　厚生労働白書』ぎょうせい

キャロル・シュトーダッシャー（大原健士郎訳）（2000）『悲しみを超えて―愛する人の死から立ち直るために』創元社

キャサリン・サンダース（白根美保子訳）（2000）『死別の悲しみをいやすアドバイスブック』筑摩書房

森省二（1997）『死による別れの癒し方―患者と家族の心のケア』丸善ライブラリー

村上國男（2003）『ターミナルケア・ガイド』関西看護出版

岡本祐三（1996）『高齢者医療と福祉』岩波新書

リンダ・エスピー（2005）『私たちの先生は子どもたち』青海社

トーマス・アッティッグ（林大訳）（1998）『死別の悲しみに向き合う』大月書店

若林和美（2003）『死別の悲しみを超えて』岩波現代新書

WHO (2002) Palliative Care

205

索　引

あ行

愛情　13, 15, 18, 62, 63
愛情婚　14
アイデンティティ　61
あととり　14
アルツハイマー病　64, 70, 71
アンペイド・ワーク　109, 120
家　96
「家」制度　96, 132
育児休業　164, 167
育児休業取得率　164, 165
育児休業制度　155, 164
育児ノイローゼ　169
育児不安　170, 173
1.57ショック　161
イベント　65
インフォーマル・ケア　194
M字型　117
エンゼルプラン　161, 163
エンプティ・ネスト　116
お試し婚　81
夫なき女性　179
おひとりさま　104
親手当　16
親指の法理　123
オルタナティブ　81, 85
オルタナティブ家族　80, 81, 85, 87, 88

か行

介護　54, 61, 193
介護規範　192
介護疲れ　195
介護負担　195
介護保険　195
介護問題　190
介護力　190, 192
皆婚社会　117
学習性無力感　129
核家族　3, 7, 25, 116, 169

核家族化　173
核家族世帯　10, 25
家計　185
家事　185
家事労働　120, 121
家族　4, 5, 13, 22, 54, 56, 62, 63, 66, 76, 80, 113, 140
　——の介護機能　192
　——の絆　54, 87
　——の再生　186
　——の多様化　56
　——の定義　6
　——の崩壊　185
家族介護　194
家族介護規範　196
家族外ネットワーク　26, 31
家族観　49, 133, 140
家族関係　66
家族社会学　142
家族世帯　3, 5, 7
家族団らん　54
家族内ネットワーク　31
家族モデル　56, 57
家族問題　56
家庭内離婚　54
家父長制　179
加齢　42
加齢効果　37
間隔　41
緩和ケア　189
既婚　4
基底機能　14
軌道　38
機能　13
虐待　169
QOL　199
近代家族　60, 112, 113
グリーフ　189, 202
グリーフケア　197, 202
グリーフケアワーカー　202

グリーフワーク　189, 197, 203
ケア付き住宅　192
ケアワーカー　203
ゲイ解放運動　83
経済婚　14
結婚　76
結婚願望　104
結婚コーホート　41
結婚適齢期　94, 96, 97, 111
顕微受精　148
郊外家族　28, 30
後期高齢化　190
合計特殊出生率　10, 16, 140, 145, 155-159
公的介護保険　15, 194
高齢化　190
高齢化率　189, 190
コーホート　37, 38, 41, 47
コーホート効果　37
国民優生法　144
こころのケア　193
個人化　17
個人の選択　16
戸籍法　113
子育て支援体制　173
子育てネットワーク　21
子ども・子育て応援プラン　162
子ども・子育てビジョン　162, 163
子ども手当　15
コミットメント　64
コミュニティ　65, 66
コレクティブ・ハウス　79, 86
コレクティブ・ファミリー　79
婚姻　5, 92
婚因件数　92
婚因率　92
婚活　43, 91, 104, 118
婚活時代　104
婚外子　176

さ　行

再婚　5
在宅ケア　194
3歳児神話　62, 155, 171, 172
三世代直系家族　191
三世代同居　6
サンボ法　81
残余的福祉モデル　76
シェルター　123
ジェンダー・アイデンティティ　110
資源　53
事実婚　81
シスターフッド　127
次世代育成支援対策推進法　162
次世代法　166
持続期間　41
時代効果　37
死の準備教育　198
死別　202
就職コーホート　41
出生コーホート　41, 43
出生率低下　145
主婦　109
順序　41
少子化　10, 110, 140, 155, 159
少子化傾向　172
少子化対策　163
少子化対策基本法　162
少子化対策プラスワン　162
少子高齢社会　189
女性の家内性　109
ショートステイ　194
新エンゼルプラン　162
シングル　106
シングル志向　76
人口置き換え水準　156
人口減少社会　110
人工受精　140, 147
人工妊娠中絶　139, 140, 145, 146
親族ネットワーク　31
ステップ・ファミリー　79, 84
ストレーン　59
ストレス　53, 57, 58, 60, 62
ストレス源　58
ストレス状況　72, 73
ストレッサー　58, 59

スピリチュアルケアワーカー 202
生殖医療法 150
生殖技術 139, 140, 142, 147-149
制度から友愛へ 96
性別役割分業 110, 111, 112, 114, 116-118, 121
性別役割分業観 119
セーフティネット 88
セルフヘルプ・グループ 74
専業主婦 111, 112, 117, 119, 157, 169
専業主婦世帯 119
喪失体験 199
村落家族 28, 29
村落共同体 115

た 行

ダイアド関係 57
体外受精 140, 147, 148
待機児童 167
待機児童ゼロ作戦 162, 167
対処 53
タイミング 37, 38, 41, 46
多様な家庭 186
男女共同参画 110
男性の育児休業 109
単独世帯 22
中断型 117
直系家族 3, 7
ツーショット 11
定位家族 142
ディストレス 58, 65, 69, 71, 72
デスエデュケーション 202
同棲 81, 82
同性カップル 106
同性婚 82
同類婚 98
登録パートナーシップ法 81
登録パートナー制度 83
都心家族 27, 28
都市家族 113
ドメスティック・バイオレンス 123, 134
　——防止法 136

ドメスティック・パートナー制度 83

な 行

ナラティヴコミュニティ 74
乳児死亡率 157
ネグレクト 170
ネットワーク 21-24, 26, 27, 29, 30, 33
ネットワーク戦略 31
　——としての家族 22-26, 33
　——のなかの家族 22-25, 33
　——配置 28
　——分析 33
年齢 38
ノイローゼ 170, 173

は 行

配偶者選択 105
パクス婚 16, 82
パーソナリティ 65
パーソナル・ネットワーク 22, 24, 31, 34
パターン 44
パートナーシップ法 82
パラサイト・シングル 91, 100, 102
パワーとコントロールの車輪 130
晩婚化 91, 92, 97, 100, 104, 110, 117, 158, 160
晩産化 159
非婚 178
非婚化 110
悲嘆 200, 201
悲嘆教育 199
悲嘆プロセス 202
非嫡出児 141
ひとり親家族 6, 12, 176
ひとりっ子 11
ビリーブメント 189
貧困の女性化 184
ファミリーアイデンティティ 57
ファミリー・サポート制度 168
ファミリーフレンドリー企業 163
ファミリー・レス 33
夫婦家族 3, 5, 6

夫婦家族化　10
フォーマルケア　194
複合家族　3, 7
父子世帯　182
ふたり家族　12, 15
扶養力　190
ベビーブーム　145
保育ママ　16, 168
「保育ママ」制度　168
法律婚　81
母子家庭　177
母子世帯　182, 183
母性愛　63
母性神話　155, 171, 172
母体保護法　139, 144

ま 行

負け犬　99, 103
未婚　4, 178
未婚化　91, 92, 94, 97, 100, 104, 158
未婚化・晩婚化　158, 160
　――傾向　105
未婚の母　180
未婚率　92
明治民法　113

や 行

役割　38, 39
役割移行　38, 39
役割過重　59
役割ストレーン　60

優生手術　139
優生保護法　139, 144
要介護人認定　195
養子　5
予期悲嘆　189

ら 行

ライフイベント　37, 38, 40, 41, 46, 47, 49, 59
ライフコース　38, 44-49
ライフコース研究　37, 40, 43, 48, 49
ライフコース調査　40, 41
ライフコースの定義　38
ライフスタイル　82
ライフニーズ　49
ライフヒストリー　45
ライフプラン　49
離婚　18, 76
離婚率　54
良妻賢母　114, 115
両親休暇制度　172
恋愛結婚　97, 111
連帯市民協定　81
老親介護　191
老親の扶養　62, 191
ロマンティック・ラブ　134

わ 行

ワーク・ライフ・バランス　155, 172
ワンペアレント・ファミリー　177

編著者紹介

増子　勝義（ますこかつよし）
1955年　山形市に生れる
1987年　早稲田大学大学院文学研究科博士後期課程
　　　　単位取得満期退学（社会学専攻）
現　　職　城西国際大学教授
主要著書　『おもしろ家族論』(共著)学文社　1994年
　　　　　『地域の教育力と生涯学習』(共著)多賀出版　1995年
　　　　　『保健医療福祉の社会学』(共著)中央法規出版　1997年
　　　　　『福祉文化の研究』(単著)北樹出版　2000年
　　　　　『世界の社会福祉年鑑2003』『同2004』『同2005』『同2006』『同2008』(共著)
　　　　　　旬報社　2003-2006，2008年
　　　　　『福祉文化の創造』(単著)北樹出版　2006年

21世紀の家族さがし　　2010年 5 月31日　第一版　第一刷発行
　　　　　　　　　　　2011年 9 月30日　第一版　第二刷発行

　　　　　　　　　編著者　増　子　勝　義
　　　　　　　　　発行所　株式会社　学　文　社
　　　　　　　　　発行者　田　中　千　津　子
　　　　　　　　　東京都目黒区下目黒 3 - 6 - 1 　〒153-0064
　　　　　　　　　電話 03（3715）1501　振替00130-9-98842
　　　　　　　落丁・乱丁本は，本社にてお取替えします．
　　　　　　　定価は売上カード，カバーに表示してあります．
　　　　　　　ISBN978-4-7620-2094-0・印刷／シナノ印刷㈱
　　　　　　　　　　　　　・検印省略